世界商品と子供の奴隷

多国籍企業と児童強制労働

下山 晃〔著〕

辰本 実〔写真〕

ミネルヴァ書房

まえがき

本書は、私たちの身の回りにある日用品や慣れ親しんだ「当たり前」な商品と、「子供の奴隷」という、到底「当たり前」とは思えない労働形態の関係を紹介し考察した書物である。奴隷 slave といっても古代や古いしきたりの残る世界の話ではなく、本書で扱うのは近現代の「ごく一般的な国々」の子供たちの実情である。

本書で明らかにしている通り、実は現代の多くの多国籍企業の経済活動や先進諸国の海外進出は、世界各地で子供の強制労働・奴隷労働の展開とも結びつき、その奴隷としての子供の人口は、奴隷制度の歴史から考えてみてむしろ「歴史上最も多数」といえる現状がある。本書で名前を挙げる企業の多くは、ナイキやディズニー、ネスレ（ネッスル）、マクドナルド、デビアスなど世界中で誰もが知っている有名な企業である。テレビ、雑誌の宣伝・広告や町角でいつもみかける「普通の企業」の活動が、まさか奴隷問題、しかも「子供の奴隷」などという異様なものにどうして結びつくなどといえるのか、大方の読者は驚かれるかもしれないが、「近代世界、豊かな社会は、そうした極端な不自由労働を生み出し増やし維持することでのみ成立し展開する」という歴史の現実を、まずは念頭に置いておく必要がある。資金豊富で経営テクニックに長けたこうした有名企業が私たちの前に現れるのは、効果的な宣伝戦略やにこやかなサービス戦術を通じてのみのことで、実際にそうした企業が扱うモノがどのようにして生産されコストダウンされているかは、通常は私たちには分からない。しかし、よく調べてみると、ブランド性やハイセンスな企業イメージとはまったく異なった冷徹な営利活動の実態が根底には横たわっているという事例は、決して少なくはないのである。

本書はむろん、単にそうした有名企業の汚点や問題点をジャーナリスティックに暴露して誹謗中傷しようとする目的で書かれたものではないし、名を挙げた企業の中には問題点の指摘がなされた後、本格的な改善対策にのりだしているところもある（それぞれの取り組みについては、各社のウェブサイトや広報類を参照されたい）。児童労働の弊害を指摘された国々が10年ほど前から、本格的対策を講じはじめたため、状況はかなり改善される動きもある。

本書の第一の目的は、私たちの「当たり前な生活」を成り立たせている仕組みやシステムそのものの問題点を歴史的・具体的に明らかにし、世界商品との関わりで成り立っている私たちの生活や豊かさやものの見方を根本から考え直し、そして私たち自身の日常のあり方を人間本来の「当たり前」なものに近づける共通の基点を得ることである。「当たり前」とか「普通の」といった常識は、実は歴史的・地域的・文化的に固有な特定のイメージの中でつくり上げられてゆくものである。歴史が如何にイメージや宣伝によって築かれてきたものであるか、そして私たち自身の毎日の生活がそうしたイメージの集積によって如何に多くの歪《いびつ》な問題点を含んだものになってしまっているか、そうしたことを改めて読者に痛感していただければ、本書の執筆は一定の意味をもつことになる。ものの見方を変えてみることが、いつの時代、どの国の人々にとっても、もっとも大切な事のように筆者には思えるからである。

凡例

＊地名や歴史的人名に関しては、『岩波＝ケンブリッジ世界人名事典』、弘文堂『歴史学事典』、『角川世界史辞典』を参照した。本書執筆のための調査で訪れた調査地の地名、人名などで日本語の発音が曖昧なものについては、なるべく原語も併記した。「ヴァージニア」「キャロライナ」などは、わが国での一般的な表記に従って「バージニア」「カロライナ」のように記してある。

＊年号、年代、百分率、物の個数、人数などの数値の表記には漢数字を用いた。世紀を表す場合は「一九世紀」とするのではなく、「十九世紀」と表記した。

＊参考文献および参照サイトは巻末に一括して章別に掲載したが、参考にしたものをすべて載せることができたわけではない。これは紙数の都合によるものである。サイトのアドレスは、二〇〇八年十一月一日現在のものである。ネットサイトにリンク切れのある場合を考慮して、リンク切れの後にもキーワード検索ができるよう、URLの前にインデックス・サイトのサイト名や記事のタイトル、内容の主題名などをなるべく示すようにした。

例：下山研究室HP：http://www.daishodai.ac.jp/~shimosan

Global March against Child Labour：Worst Forms of Child Labour Report-2005 のサイト：http://www.globalmarch.org/child_labour/index.php

もっとも、Google や Altavista などの検索サイトで「Global March child Worst Forms」などと複合語検索を行えば、容易にアクセス可能な場合が多い。また、「Internet Archive」というサイト http://www.archive.org/index.php を利用すれば、一九九六年以後に作成された世界中のほとんど全ての古いサイト（二〇〇八年十一月一日現在で八六〇億ページ以上）を検索することができる。

＊なお、紙数節約の都合もあり、また近世以来の長い慣例に従い、本書では「こども」は「子供」と表記してあ

る。この表記法が差別的表現であるとする考えもあるが、本書筆者はその立場には賛同していないし、「子供」という表記を差別的に用いているつもりもない。「供」の字が「供え物」や「お供」という服従的な関係と共に用いられる漢字と同じ字であるから、使用は控えるべきだという意見は、国語変遷史の事実と日本語の文法法則に鑑みれば誤りであることはすぐに分かる。既に同和問題の一部の活動にみられる通り、些末な形式的な「言葉狩り」のレベルで差別問題を論じることは、むしろ実質性のある議論の展開を阻むと考えておきたい。

＊　「前書き」にも記した通り、個別の企業を単に非難することが本書の意図ではない。差別・排斥を超えて共生の基準を重んじることが、本書の基本姿勢である。

＊　収録した図表、写真については原版作成者からの了解を得るよう心掛けたが、返信の無いものや連絡の取れなかったものについてはその限りではない。

目次

目　次

（装丁＝毛利一枝）

第Ⅰ部　写真編

働く子供・働かされる子供・遊ぶ子供

カトマンズ

この写真篇は、元・報道カメラマン・写真家の辰本実氏に本書のためにネパール取材を依頼して撮影していただいた作品で構成されている。氏の作品は今までも、戦地やスラムを舞台にしてはいても、また社会主義崩壊直前の動乱の東ヨーロッパを素材の場としてはいても、殺し合いや嘆きの風景は主題とされてはいない。キスをして愛を確かめ合う恋人たちや路上のヴァイオリン弾き、わが子をしっかりと抱き寄せる母親や愛犬を連れた老人、灯火の傍らで人々の幸せを祈る修道女、群れて遊ぶ子供たち、一羽のニワトリを大切に育てる少年……。いずれも、誰もがそれぞれの生の瞬間を「普通の人たち」、「共に暮らす人たち」として風景の中に刻み込み、喜びや安らぎを紡ぎ出している情景が捉えられている。

氏に周っていただいた調査地域では、一〇年ほど前からの法律規制の強化もあって、子供の強制労働・奴隷労働はそれほど一般的なものではなくなり、児童労働、児童強制労働よりむしろ家計を助ける仕事child workの形態が一般的になってきているということであるが、しかし第Ⅱ部でみてゆく通り、世界には「働く子供」も居れば「働かされる子供」も数多く居るし、「働く子供」たちの大半も相変わらず極度の貧困状態の中で暮らしている。第Ⅱ部でたどる「最悪の形態の児童労働」には、私たち日本人の想像をはるかに超える惨状が絡みついている。

貧しさの中やつらい毎日の労働の中でも笑顔をきらめかせ、生きる力にみなぎった目を輝かせ、家族、友だちと毎日を分け合っている子供たちの姿が、まずはこの写真篇から様々な形で読者一人一人の心の中に伝えられればと願っている。

（1）働く子供たち

砂糖きび売り・カトマンズ

時計売り・カトマンズ

荷運び・パタン

パタン

ジャガイモ売り・カトマンズ

トマト売り・カトマンズ

溶接工見習い・ブダニールカンタ

カトマンズ

カトマンズ

ルブ

バクタプール

バクタプール

家具職人見習い・バクタプール

揚げパン屋手伝い・カトマンズ

カトマンズ

チャイ（お茶）の配達・カトマンズ

肉屋でもらったブタの血を頭に塗りつけ，病院前で通行人からお金を恵んでもらっているストリート・チルドレン
カトマンズ

鉄屑拾い・カトマンズ

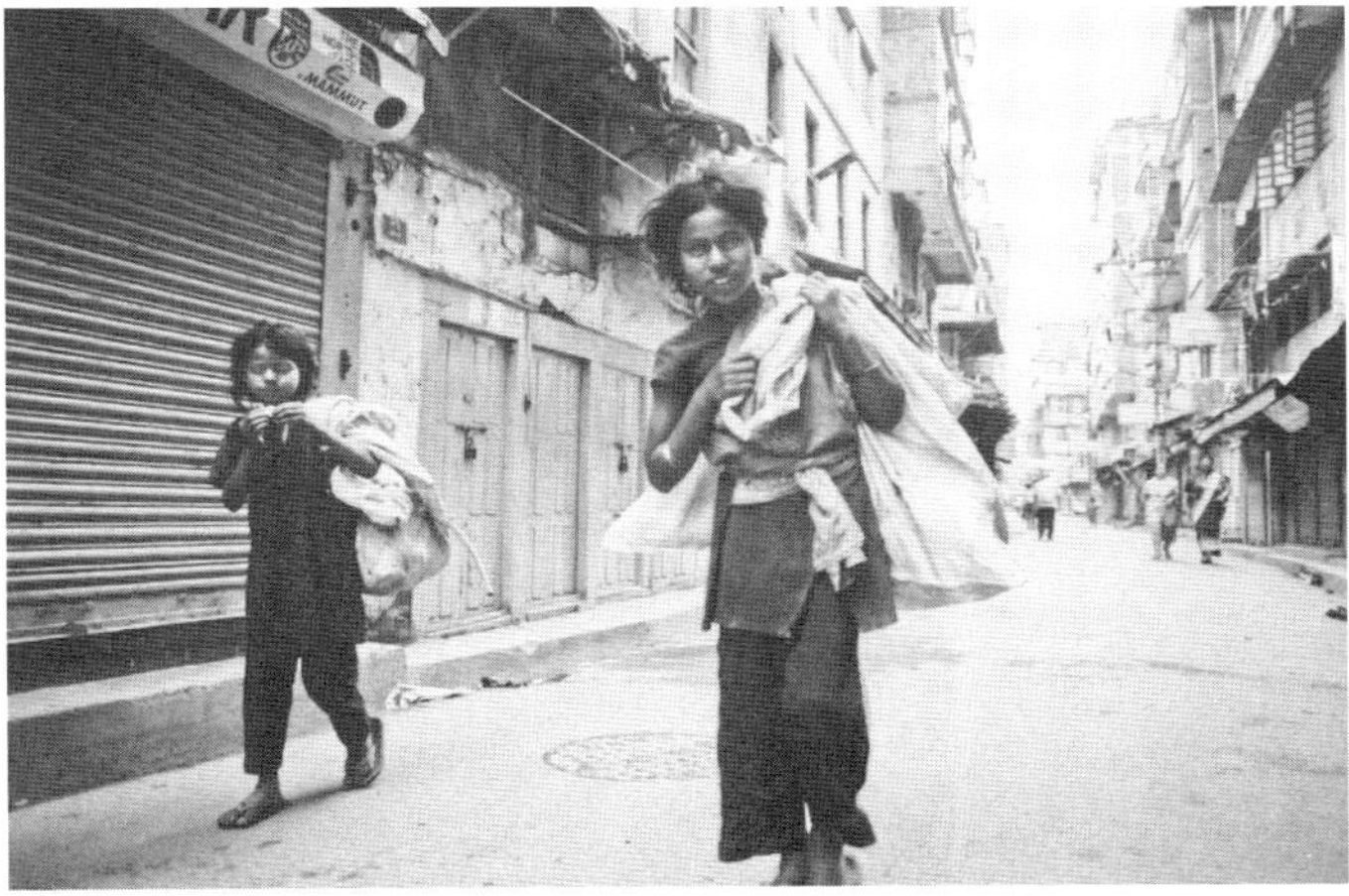

カトマンズ

ライター売り・カトマンズ

灯明守り・ブングマティ

パタン

香水売り・カトマンズ

カトマンズ

ココナッツ売り・カトマンズ

布地の売上げを記帳する少女・カトマンズ

カトマンズ

ブングマティ

ブングマティ

ティミ

ティミ

ティミ

カトマンズ近郊

採石場で働く少女・ジャランタール

ジャランタール

ジャランタール

ジャランタール

ジャランタール

ジャランタール

ネパール，ジャランタールの採石場。兵役と並んで鉱山労働は児童労働の中でも最も過酷な重労働である。法定最低年齢は18歳であるが，16歳の少女も一人働いて居た。辰本氏が現地で聞き取り，資料調査もしたところ，国の監視体制が厳しくなったため，この鉱山では，強制労働は10年ほど前からは行われていないという。筆者（下山）はインド調査の折，ラジャスタン州にあるアラバリ・レンジ Aravari Range という不法採掘の採石場で業者のボスからの話を聞いた。二人のボスが山を分け合い，常時30人〜40人が働いているといい，主に建築資材に用いる石を採掘しているという。「子供は居ない」との説明があったが，実情に詳しいガイドからは「子供のことは絶対に聞くな。危険だ」とのアドバイスがあった。実際には，このアラバリ鉱山から今までで既に29人の児童が助け出され，学校へ通うことが可能になったという。採石場に HITACHI 製の大きなブルドーザーの置かれていたのが，印象に残る。

(2) 遊びをつくる子供たち

コーカナ

カトマンズ

カトマンズ

バクタプール

凧揚げ・バクタプール

ブングマティ

ブングマティ

カトマンズ近郊

カトマンズ近郊

スワヤンブナート

ティミ

ジャランタール

バクタプール

カトマンズ

バクタプール

バクタプール

カトマンズ

燈明を灯す・パタン

カトマンズ

ブングマティ

ビー玉遊び・ジャランタール

バクタプール

バクタプール

ブングマティ

パナウティ

パナウティ

カトマンズ近郊

カトマンズ近郊

カトマンズ近郊

足の指の間に枝木を挟んで遊ぶ・チャングー

バクタプール

ブングマティ

ジャランタール

チャパガウン

ブングマティ

パタン

＊世界の働く子供（５歳～17歳）：３億5,200万人
その内「児童労働」とされるもの：２億4,600万人
フルタイムで働く５歳から14歳の子供：１億8,700万人
＊家族のため無償で家事労働をしている子供：１億5,000万人～２億人（ほとんどは女児）
全体の児童労働数は減少に向かう方向にある
しかし，14歳以下の低年齢の児童労働者は6,700万人増
＊働く子供の地域的分布

アジア太平洋地域	60％（１億2,700万人）
サハラ以南アフリカ諸国	23％（4,800万人）
中南米・カリブ諸国	８％（1,740万人）
中東・北アフリカ地域	６％（1,340万人）

（2002年５月 ILO 統計）

ナグデシュ

第Ⅱ部
世界企業・世界商品・児童労働

序章　問題のとらえ方

（1）現代世界と奴隷制

筆者が奴隷制の問題を研究しはじめて以来、およそ30年となるが、この「奇妙な制度」を調べていると、人類の歴史について色々と奇妙なことがたくさん見えてくる。思いつくことをざっと並べてみるだけで、おそらくは大方の常識や通念をくつがえす次のような事実をリストアップすることができる。(1)

＊いつの時代、どの文明圏でも奴隷制度は「当たり前なもの」として広く存在し、アリストテレスやプラトンをはじめとして、アウグスティヌスやルター、カルヴァン、コロンブス、ジョン・ロック、ナポレオンなど、世界史の教科書に太字で紹介されているような「偉大な人物」の多くは、実は積極的な奴隷制賛成論者であった。

＊初代大統領ワシントンや独立宣言起草者ジェファーソン（第三代大統領）をはじめとし

て、史上はじめての自由と民主主義の国家であったアメリカ合衆国（以下、単に「アメリカ」と表記）の大統領の多くが、実は大手の奴隷保有者であり、独立後のアメリカは世界史上まれにみるような「純然たる大規模奴隷制」を近代以後に発展させた国であった。

＊わが国では「民主的株式会社の先駆」として研究されてきたイギリス東インド会社は、実際には王立アフリカ会社と並んで世界最大級の巨大奴隷貿易会社でもあった。

＊砂糖やタバコ、コーヒー、綿花、藍《インディゴ》、カカオなど、今では当たり前となっている主要な日用品の多くは、いずれも近代になってから奴隷制プランテーションで大々的に栽培され世界に広まった世界商品であった。

＊現代においても世界には二億五〇〇〇万人以上といわれる児童労働が存在し、『二億人の奴隷たち』と題されたルポルタージュまで出版されている。その多くは女性や子供であり、貧しい国々においてばかりでなく、アメリカやスペインなど先進諸国においても「奴隷」と呼ぶべき状況に追い込まれる人々は増えつづけていると推定されている。後に7章（3）で述べる通り、筆者はインドにおいて奴隷とされ、麻薬を打たれて強制労働を課されていた少年の体験談を直《じか》に聞いたことがある。

本書がテーマとするのは右に挙げたリストの最後の項目、現代世界と奴隷制である。「この今の時代に二億人もの奴隷が？」「子供が奴隷に？」「先進国でも？」と、多くの読者は驚かれることであろうが、本書を通読してその現代奴隷制が、石油やファストフードやTシャツやスポーツ用具、携帯電話、宝石など多くの世界商品を通して、私たち日本人の日々の生活とも密接に結びついていることを知れば、読者の驚きはさらに大きなものとなるに違いない。

なぜ、奴隷制のような「奇妙な制度」に焦点を当てなくてはならないのか？

それは、その病弊があらゆる意味において人類社会の中の「死の病」であり、おそらくは今日でも世界的な「死の病」として広く残存し、また拡大の兆しもみせているからである。そして、「世界商品」の利用の高まりに伴って、われわれ日本人の生活とその病弊との関わりも、日々知らず知らずの内にでも深まっているためである。

奴隷制のことを詳しく調べれば調べるほど、あまり伝えられてはこなかった人間の行う異様な行いの事例・実態が幾つもみえてきて、専門研究者の筆者自身さえ何度も驚かされる。奴隷法を公式に定めて奴隷の衣食の分量や経費の最低限を「保証」するとともにその最上限を規定する、といったことにはじまって、奴隷船で反乱を起こした反乱指導者がつかまればその者の腹部を少しだけ切り裂いて腸の一部を引き出し、船の側壁にクギで打ちつけてから尻に火をつけて見せしめにするとか、親子を離ればなれに売る場合、競売（オークション）

で売れ行きが悪くなるのを避けるために競売会場では泣かずに笑顔で立ち振るまうようしつける、サディスト集団が斜めに生えた樹の幹に奴隷をくくりつけてなぶり殺しの時間と（ゆっくりとナイフで皮を切り取るなど）残虐さを競争する等々、ここには書ききれない残虐は近代以後においても幾らでも挙げられる。似たような「死の病」戦争では、たとえばベトナム戦争期にみられたように、敵（多くの一般市民も含む）の死体の耳や性器を切り取ってジープのアンテナに刺し、その数を競ってハードロックをBGMに盛り上がるといったことや、イラン＝イラク戦争期に行われたように敵兵の体を生きたまま複数の車で八つ裂きにするといった事例が幾らでもある。奴隷制や戦争という事態は、当たり前の人間を当たり前ではない人間にしながら、当たり前ではある筈もない事態・社会を形づくってゆく。本書に目を通していただければ一端が知られる通り、そうした異常さに匹敵する惨状が、今この瞬間にも何億という子供たちの上にのしかかっているのが、実は二十一世紀の現代世界なのである。

（2）両極端から考える

ところで、何か重大な問題や複雑な事象をとらえる場合、まずは両極端の意見や情勢に目を向けた上で、ごく素朴な疑問から具体的な現実を調べてみるとその問題の本質がみえやすくなる。

そこで、この本では現代世界の最底辺に押し込まれている「子供の奴隷」の実情と、さまざまな基軸的商品（世界商品）の生産・流通を支配して巨大な富を独占的・寡占的に蓄積している世界企業（多国籍企業）の活動との関連に分析の主眼を置き、その両者と私たち日本人の日常生活との関わりを省みるという観点を出発点としたい。こうした観点からみると、いまの私たち自身の毎日の生活が、実際には如何に異様で冷酷で破滅的な歴史・経済システムの上に成り立っているかが思い知らされることになる。

ごく大まかにいうなら、世界の富の八割は世界の一割ないし二割の富裕層によって保有されているという。現在、人類が宇宙の物質や運動源について観測できているのはほんの一割ていどで、実際に宇宙を構成し進展させているのは未だ観測の手段さえ見当のつかない「ダークマター」であるが、今日の世界経済や国家、社会の成り立ち・変貌もまた、膨大な「ダークマター」に支えられ包み込まれていると考え至らなくてはならない。

国連大学世界開発経済研究所の報告書（The World Distribution of Household Wealth, 2006）では、世界全体の富の四割は上位一％の成人富裕層が所有する一方、下位五〇％の成人は僅か一％の富を占めるに過ぎないという。日本を含む先進G７諸国は人口シェアでは世界人口のわずか十四・三％であるが、富のシェアは七二・八％を占めている。こうした実態を改めて確認すると、『世界がもし一〇〇人の村だったら』の次の一節が思い浮かぶ。

一〇〇人のうち六人が全世界の富の五九％を所有し、その六人ともがアメリカ国籍です
一〇〇人のうち八〇人は標準以下の居住環境に住み
七〇人は文字が読めません
五〇人は栄養失調に苦しみ
一人が瀕死の状態にあります
一人は（そう、たったの一人）は大学の教育を受け
そしてたった一人だけがコンピューターを所有しています
……
もし冷蔵庫に食糧があり、着る服があり、頭の上に屋根があり、寝る場所があるのなら
……
あなたは世界の七五％の人たちより裕福で恵まれています。
もし銀行に預金があり、お財布にお金があり、家のどこかに小銭が入った入れ物があるなら……
あなたはこの世界の中でもっとも裕福な上位八％のうちのひとりです。

ＦＡＯ（国連食糧農業機関）の統計では、世界人口の三五％は著しく食糧に欠くとされており、今この瞬間にでも五秒に一人の子供が飢餓が原因で死ぬ。また他にも、一日一ドル以下で生活を強いられる絶対的貧困層は一〇億人～一二億人に達し、二億人の子どもは食糧不足で体重が標準以下であるとのデータも出されている。一方では肥満大国があり余る食料や製品を大量に消費・浪費し、また廃棄しつづけている。

右のような事情に気づくと、なぜそんなことが起こるのか、そうした極端に偏った世界は、そもそも一体、いつ頃はじまり、またなぜ、どんな風にして広まり維持されているのだろうか、と誰しもが思うはずである。そして、一体誰が、そうした歪《いびつ》な世界の問題に責任があり、誰がどんな方法で解決の途をさぐるのか、自分には一体、何ができるのだろうか、と。

こうした疑問を考えるにあたってまず問題の背景を整理しておくとすると、さしあたっては次の四点を指摘することができる。ここでは煩雑さを避けるため、なるべく分かりやすい表現で基本点のみを箇条書きにしておく(2)。

1　**世界企業と世界商品**：現在の世界規模の富の偏在の問題は世界企業が扱う世界商品というモノとサービス（お金や金融商品を含む主要な資源や製品）を通じて発生する問題であ

る。

2　**世界システムの展開と営利の肥大**：それは近代以後の代表的・基軸的な商品の生産・流通・消費そして廃棄の歴史的展開によって規定されるとともに、個々の企業や個々人の営利活動によって決定的な方向付けがなされたものである。

3　**コーポレートクラシーによる支配と商品連鎖**：現在ではそうした世界商品の生産・流通・消費は、国境を越えたグローバルな連鎖を形成し、世界企業の周到で計画的な営利至上体制（コーポレートクラシー）のネットワークの中で企画されコントロールされる。

4　**神話化された情報社会のカタストロフィー**：そして、私たちは誰もが、その世界企業の戦略的な広告・販売活動を通じておいしいものを食べ、べんりなものを使い、たのしいものに触れ、いまわしいものと関わり、セレブなものを時には買うという生活を築きあげ、豊かさを享受すると共に人間本来のモノとの関わり、他者との関わり、自然との関わりに壊滅的な障害をもちはじめている。

右の四点を裏付けるための文献や参照サイトは幾らでも挙げることができるが、詳しくは本文の展開の中で多くの事例を挙げているため、ここでは「現在、世界貿易の七割以上を世界企業が支配しているにも拘わらず、その世界企業に商品や原料、産物を提供してくれる生産者にはその貿易総額の一％しか支払われていない」という一つの事実を挙げておくに留める。世界企業の営利活動は、既に経済行為というより大方は略奪的行為になっていると判断してよいのである。(3)

このように書くと、本書は富の享受者である世界企業、多国籍企業を一方的に非難する前提に立つ書物であると誤解されるかも知れないが、筆者は単に旧来の帝国主義的理論や独占資本論などを多国籍企業の活動に結びつけたり、案外広く流布している「陰謀説」「ユダヤ害悪説」などに依拠して論を展開するつもりはない。そうした諸説・諸理論の蓄積ももちろん十分に参照しながら、子供たちの窮状の背景と実情を、日用品や日常環境との関わりの中でより基層的な観点から考察してゆきたいと思っている。

問題の根深さは、世界企業に所属する経営者や社員の多くは（アメリカ南部諸州の近代奴隷制社会の奴隷主の多くがそうであったように）家族内や個人同士のつき合いの範囲の中では「ごく普通の当たり前の人たち」であり、その企業の経営活動も、国際的な多数の合意や合法的な営利活動の範囲内で概ね展開している点にある。その「普通の人たち」の営利活動や（ある程度）合理的で合法的な企業活動が、全体的な結果として貧困の蓄積・拡大やエコシステム自体の崩壊、そして児童奴隷制などという常軌を逸した事象と関連をもつなら、私たちは企業活動や消費行動の本来のあり方、ひいてはモノと人との関わり方、人と人との関わり方、そして人と自然の関わり方といった根源的な次元でも考えを深め共有してゆく必要があるだろう、というのが本書の基本的認識なのである。本書が「べんりなもの」や「おいしいもの」といった視点の章立てを採用したのは、そうした認識を前提としてのことである。

それにしても、長く奴隷制度の歴史に目を向けてきてつくづく思うことではあるが、いつの時代、どの文明圏でも奴隷制度が「当たり前なもの」として広く存在したということは、その時代・地域に生きていた「ごく普通の人々」がその奴隷制度を「ごく普通な当たり前の制度」と考えていたことを意味する。二十一世紀の現代においても、そうした「死の制度」が「ごく普通な当たり前な制度」として存続し、しかも、膨大な数の幼い子供たちをその忌まわしい制度の犠牲として苦しめている。大人たちは、そうした世界を、いつまでも放置してゆくのだろうか？

（3）本書の視点

現代の労働者や労働形態を表す際に「奴隷 slave」という用語を無規定に用いることが学術的な厳密さを欠くのは当然であり、後に本文中においてふれる通り、児童奴隷の禁止が国際会議の場などで取り上げられる際にも奴隷の概念規定はしばしば問題となることでもある。筆者はそのことを十分承知しているが、明確に「slave」と呼ばれ社会的にはっきりと「奴隷」として認知されている場合以外にも、本書では文章の煩雑さを避けるため、あるていど幅のある考え方を採用する。欧文の文献や資料でも、現代の奴隷労働を論じる際に、「Hazardous and exploitative forms of child labour, including bonded labour, commercial sexual exploitation and work that hampers the child's physical, social, cognitive, emotional or moral development……」などといった表現で、債務労働や性的搾取の状況を明確に「奴隷労働」と判断して説明している。これは、単に「奴隷的」な労働を無規定に一括して「奴隷」と呼ぶこととは異なる。現在、「最悪の児童労働」として取り上げられている児童強制労働の場合、子供たちは誘拐や売買によって商品生産や売春・兵役などを強要され、脅迫・暴力・殺傷を伴った状況に縛られている。そうした子供たちは、まさに奴隷として扱われているとみなして差し支えはない。公式の法的身分としての奴隷ではないというだけのことである。(4)

基本的には本書筆者は近代に至って「純然たる奴隷制」を展開させたアメリカ南部諸州や中南米諸国の奴隷主層を台頭させたような社会経済的なメカニズムが現代において再編成され、奴隷制度は現代社会の中にも巧妙に埋め込まれて存続しているとの認識を持っており、その「純然たる奴隷制」の延長上で搾取される最底辺労働が、世界企業・世界商品との関わりの中で途上国の旧来の不合理な因習と重なったところに、「現代の子供の奴隷」の問題が展開すると考えている。この問題については、詳しくは本文の内容から適宜明らかとなってゆくはずである。

なお、ニュースや国際会議で取り上げられるケースは実情のほんの一部であり、特に、「最悪の形態の労働」については調査に困難の伴うことが多い。その上、ユニセフやＩＬＯなども含めて代表的な国際機関や援助機関によって公表され、一般にも広く受けいれられているデータに誇張や不備の伴うことが少なくはない。国際支援団体や援助機関で働くエリートたちが自分のサラリーを稼ぎだすために誇張した情報を集めることもままある事実であり、民族対立が激しい国々では敵対勢力の非道を過度に強調する傾向があることも確かなのである。本書執筆にあたってネパールとインドで調査を行なったが、そこでの「実感」は、むしろ家族の結びつきが強く、子供たちの多くはいきいきとしていて、「強制的に働かされている」といった事態はほとんど直接には見えてはこなかった。地元の専門機関に最新の情報を提供してもらい、聞き取りもしてみたところ、一〇年前はいざ知らず、「膨大な数の児童奴隷」など禁止もされているし監視も厳しく、「一部のマフィア事業以外は考えられない」とのことであった。

しかし、なかなか見えてはこない世界企業と子供の苦境の結びつきは、例えば絨毯やカカオや石油、スポーツ用具、宝飾品など本書で扱う世界商品の生産の現場の実情を押さえてみることではっきりと把握できる側面も確かにあると言える。実際に児童奴隷を救出している援助組織の活動はもちろん、「エコノミック・ヒットマン」（本書185頁参照）の告白や大手金融会社の元社員の告白、アメリカでの企業訴訟の事例、世界企業ＣＥＯたちが示した「経営改善姿勢」などを注意深く追ってゆくと、その構図はかすかに、しかし確かに浮かび上がってくるのである。本書はこうした事態を、「奴隷制によって州を形成したアメリカ南部、南部化するアメリカ、そして南部化したアメリカ企業が席巻する世界経済」という視点の中で析出してゆくことになる。

1章　子供たちをとりまく惨状

(1)「子供の奴隷」の概念をめぐる問題

一九七〇年代以来、南北問題が世界的な関心を広く集めてきたが、貧しい国々の子供の問題をめぐる国際的な対策がなかなか実効性をもたないのは、一体なぜだろうか？　それは第一には「子供」や「奴隷」という概念をめぐる基本的前提が絶対のものではない点にあると考えられている。第二は、対策を無に帰するほどの営利活動（世界商品との関わり）や意図的な国家戦略、既成の旧来からの伝統的対立要因（宗教・民族紛争、人種差別、既得権益への執着など）、そして対策の的外れな構想や不徹底が常に存在するという問題である。

まず第一の点につき、若干のコメントを述べておく。

わが国では児童福祉法において子供（児童）は「満18歳に満たないもの」と定義されている。そして同法第一条第2項では「すべて児童は、ひとしくその生活を保障され、（両親や保護者や社会制度によって）愛護されなければならない」と規定されている。しかし、世界の現状を一瞥するだけで、この定義や規定は普遍的にはあてはまるものではないことがすぐに分かる。「18歳」というのは全世界共通の基準ではないし、「親は子供を愛護する」といった観念は、多少驚くべきことながら文明史的にはせいぜい十六〜十七世紀に至って一般化した近代的な家族概念に基づくものだからである。現代の世界についてそうであるように、過去の時代の多くの文明圏の「常識」と、現代日本の児童福祉法の規定との間には、大きな質的な隔たりがある。つまり、今の日本人の「当たり前」な感覚・感情は、地理的にも歴史的にも決して当たり前なものではない。子供の問題をめぐる国際的な対策にいろいろな齟齬《そご》や対立が生じるまず第一の原因は、こうした子供概念の多様性・複雑性にあるといってよい[1]。

より根源的には、差別や奴隷の起源や歴史の中での多様な現れ方は、時代ごと地域ごとの「心性」（ものの見方、感じ方 mentality）や人間観・宇宙観・物質観の実相を考え合わさなければ本当にはみえてこないという問題が関わる。たとえば多くの歴史書や百科事典では「奴隷」の定義や起源を農耕社会の成立や政治学的分析、歴史発展段階論、経済的社会構成の問題などと結びつけるだけで、原始古代の人類がどのような心性をもって他者と自己とを関連づけていたかの深層には全くせまっていない。奴隷の定義を書こうとすれば、本来は優に一冊の大部の書物が必要で、人類学的、比較民族学的、心性史的な分析が絶対に必要であるにも拘わらずである。本書のような小著でその詳細を論じるのは適切ではないが、ある共同体にとって「異界」と触れ合うことを怖れる心性が最も重要な基準であった点をここでは指摘しておきたい。「死」や「星」といったごく基本的な言葉も「真空」や「重力」、「細菌」といった基本的な科学的概念も無い時代、人類は神霊界や動植物、他者、それに四大（地・水・火・風）など自分たちが全面的にはコントロールし得ないものが関わる「異界」に対して、日常世界では距離をおいて特別なタブー、儀礼、聖別視・賤視をもって峻別・隔絶する必要を痛烈に感じたと考えられる。あらゆる文明の中に普遍的に奴隷制が存在した真の理由は、実はそうした「峻別する心性」を基礎としているとみなくてはならないのである。「子供が奴隷のように働かされる」という、私たち現代の日本人にとって不条理と思える事態は、そうした心性を積み重ねてきた社会の中では「当然に不条理」とされてきた訳ではないし、今も今後も等質である訳ではない[2]。

冒頭に挙げた第二の点が本書の主要分析範囲であるが、それについては本書の3章以下の全体が具体的な論考となるため、ここでは問題を考えるに先立っての全体的な「見渡し」なり子供たちの全般的な実情といった内容を提示しておきたい。

（2）最悪の形態の児童労働

さて、働く子供、児童労働についてまずその類型をみておく。

一般的には、「子供の教育や発達を妨げるもの」が児童労働とみなされ、国際労働機関（ＩＬＯ）は、原則として「15歳未満の子供が大人のように働くこと」を児童労働と位置づけている。ＩＬＯの第一三八号条約（最低年齢条約）では、表１－１のような範疇分けを行いそのそれぞれで容認されるべき最低年齢を制限している。

表の項目のうち「軽易な仕事」とは子供の健康・発達に有害となるおそれがなく、子供の通学・職業指導・訓練課程への参加を妨げないものである。これはＩＬＯ一三八号条約（第七条）の規定であるが、どのていど「おそれがなく」「妨げない」かは解釈に幅が出るため曖昧さはつきまとう。教育が十分ではない途上国では、最低労働年齢を下げることが許されるという除外規定も多少問題がある。同一八二号の規定もふまえての範疇分けは、表１－２の通りとなる。

表１－１　児童労働の類型（１）

	軽易な仕事	通常の仕事	危険な仕事
先進国	13歳	15歳	18歳
途上国	12歳	14歳	18歳

表をみれば誰でも、すぐに疑問が湧く。「最悪の形態」とは何か？

それは、ＩＬＯ一八二号規定では児童の人身売買、債務奴隷、強制労働などによって顕在化するもので、奴隷制度およびそれに類する慣行であるとされている。売春、ポルノグラフィー製作、ないしは猥褻な演技に子供を利用すること、薬物の生産・取引に子供を使用す

表1‐2　児童労働の類型（2）

1．11歳までの子供が従事するいっさいの経済活動
2．軽易な仕事をのぞく全ての経済活動で12～14歳の子供が従事するもの
3．有害な条件のもと，15歳～17歳の子供たちが従事する全ての経済活動
4．18歳未満の子供が従事する「最悪の形態」の児童労働

る不正な活動、そして有害労働は「最悪の形態」とみなされる。年少者の健康・安全・道徳を損なえば、それが「有害労働」であることは、既に「最低年齢条約」でふれられている。「危険有害業務」は、表1‐3のように一覧される。

一八二号は「最悪形態の児童労働」の禁止と廃絶のための即時行動を理念とした条約であるが、児童の売買・取引、奴隷制や強制労働、子供兵士、麻薬取引などの違法行為など一八二号条約で禁止の対象となっている「最悪の形態」は現に途上国において、猖獗《しょうけつ》をきわめているといってよい。日本人口の二倍、およそ二億四六〇〇万人の子供たち（5～17歳）が児童労働に従事している中、「最悪な形態の仕事」に従事させられている児童労働者は、実に一億七九〇〇万人以上にものぼると見積もられている。そのうち、明確に「奴隷 slave」として捉えられるのは、いくら少なく見積もっても二〇〇〇万人に達すると推定されている。

奴隷数の見積もりが曖昧で研究者や調査によって大きく隔たるのは、奴隷貿易・人身売買の本来のブラック・マーケット性によることはもちろん、本章冒頭にみた概念の複雑性・多様性も絡んで「奴隷制反対に反対する勢

表 1－3　危険有害労働

職業／産業	主な作業	危　険	考えられる問題
鉱　業	地下での採掘，重い荷物の運搬	危険性のある埃・ガス・煙，極度の高湿・高温，不自由な体勢（膝をついたり，横たわった状態での作業），落盤	呼吸器疾患（珪肺，肺疾患，石綿症，肺気腫），筋骨格障害，落盤・落下によるケガ及び死亡
レンガ作り	粘土の加工（採取，破砕，研磨，ふるい，溶解）	ケイ酸塩・鉛・一酸化炭素，過重労働，火傷，防護不備の装置	筋骨格障害，ケガ
農　業	機械・農薬・家畜を用いた作業，作物の収穫・運搬	防護不備の機械，有害物質（殺虫剤・除草剤），過重労働，極度の温度条件	急性・慢性化学汚染，ケガ，病気
カーペット織り	織機を用いたカーペットの手縫い	真菌胞子に汚染された毛綿埃の吸入，しゃがんだ姿勢，悪条件の照明・換気，有害化学物質	呼吸器疾患，筋骨格障害，早期の視覚障害，化学汚染，諸症状の悪化
建設工事	採掘作業，荷物運搬，削岩，岩やセメントのシャベル作業，金属加工	落下物，尖った先端上の作業，落下，埃・熱・騒音，過重労働	騒音・振動・有害物質による健康機能障害，落下などのケガや事故による能力低下
製革業	なめし，皮革の保護	腐食性薬品，皮革のバクテリア汚染	炭粉沈着症，皮膚炎，真菌感染症
漁　業	さんご礁に網を取り付ける潜水作業（深さ約60メートル）	高気圧，肉食性・毒性魚，非衛生的な鬱血状態	減圧症（鼓膜破裂），ケガ・水死，消化器疾患，伝染病
ガラス工場	溶融ガラスの取り出し，ロームの運搬	放射熱・熱応力，有毒ガス，ケイ石粉，高熱ガラス片の取り扱い	偶発性外傷，視覚障害，呼吸器疾患，重度火傷・切り傷
マッチ・花火作り	高温化学物質の溶解，マッチ棒作り，花火の火薬詰め込み	有害化学物質，火事・爆発	化学中毒の相乗効果，呼吸器疾患，火傷，爆発によるケガ及び死亡
ゴミあさり	不衛生な仕事，病院や化学工場の廃棄物などゴミから使用可能な物を拾い出す	ガラスや金属による切り傷，有害物質，腐敗物による悪臭，ハエの蔓延，残飯あさり	破傷風感染による死亡，化学汚染，感染症，食中毒，火傷（メタンガス・爆発）
スレート	重い荷物の運搬，鉛筆，石板作り	過重労働，ケイ石粉	筋骨格障害，肺疾患，早期の能力低下

ILO 駐日事務所 HP より転載。
http://www.ilo.org/public/japanese/region/asro/tokyo/ipec/facts/worst_forms/5hazardo/01.htm

力」がいつの時代にも隠蔽や利益保持をはかるためである。国際連盟や国際連合の関連会議でも対立のあることは稀でなく、奴隷概念の定義は未だに折々首をもたげる問題である。したがって、奴隷禁止の国際条約は一八一五年のウィーン会議以来、多々とり結ばれているが、たとえば「奴隷制度、奴隷取引並びに奴隷制度に類似する制度および慣行の廃止に関する補足条約」（一九五六年）が奴隷の定義として挙げた次の五項目も、解釈には幅の広さや曖昧さが伴っている。[3]

- 精神的・身体的な脅迫による労働強制
- 雇用主の所有と支配
- 商品・財産のような扱いと売買
- 行動の自由の身体的な制約
- 以上の四つに類似した扱い

そこで現在、ＵＮＩＣＥＦ『世界子供白書』では「最悪な形態の仕事」のような過酷な労働を「搾取的な労働」として捉え、それについての次の九つの基準を挙げて問題解決の糸口をさぐろうとしている。

1　幼い子供の全時間労働
2　あまりにも長時間の労働
3　不当な身体的、社会的、心理的ストレスを引き起こす労働
4　路上での労働や暮らし
5　不十分な賃金
6　あまりにも重い責任
7　教育の機会を奪う労働
8　奴隷や債務奴隷労働、性的搾取など、あまりにも子供の尊厳や自尊心を傷付ける労働
9　完全な社会的、心理的発達を損なうような労働

途上国の子供たちの実情の改善をはかるには、まずはこうした基準から浮かび上がる問題点を広く共有し、草の根レベルでの意識転換や消費行動の改変も含めて、もっと真剣に議論を高め、日頃の生活の中での認識を深めてゆく必要があるといえるだろう。これは本来、それほど難しいことでも複雑なことでもない。そうした議論や話し合いの機会は、むしろ、年末の国際ボランティア募金の時期にだけ何となく意識されるのが通例となってしまっている

のが現状で、「買いましょう！ 使いましょう！」の刺激的・競争的宣伝広告が四六時中、テレビ画面や町中の至る所にあふれて大多数の人々が「消費狂い」「流行狂い」「グルメ狂い」といった症状に陥っている（落とし込まれている）。そうした現実の方が、よほど不健全だと思う判断力を、曇らせないでおくのが肝要であり賢明なのである。

アメリカは既に国民の三分の一が「健康に障害を伴う肥満」に陥り、ダイエット関連産業だけで年に十二兆円以上ものお金が動くというみっともない国家になってしまっている。一見、何の問題もないかのように思われているカナダの人たちの肥満率も、まったく異様である。肥満が悪いというのでなく、巨大奴隷制プランテーションや巨大牧場開拓の伝統の上に積み上げてきた歴史の中で、過剰生産や桁外れな利益追求を行う企業戦略の広告宣伝に包み込まれて、皆が皆不健康や過度な競争・貪欲に悩まされるような社会は、「創りあげたい社会」「安心して住める社会」「満足できる社会」とは到底思えないということである。アメリカ型の自由で便利で快適な社会の建設だけでは、共生は望めない時代が来ているとの認識がぜひとも必要である。

（3）現代世界経済の異常性：南部化する世界

児童奴隷については、それが本来思いもよらない事態であるうえ、子供たちがつくるモノ

写真１－１　現代の奴隷制を特集した雑誌類

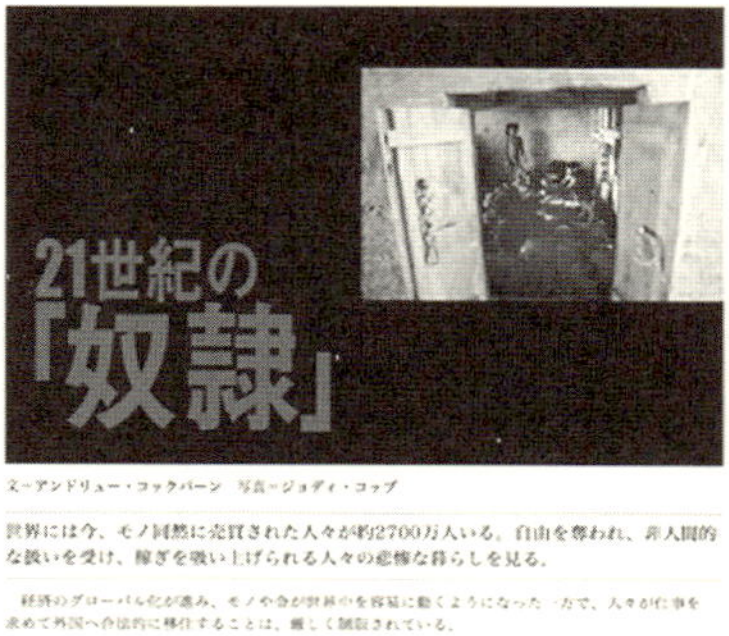

左上：『ナショナル・ジオグラフィック日本語版』（2003年９月号）
右上：『Days Japan』（19号，2005年10月）
下：『ニューズ・ウィーク日本語版』（1992年５月28日）

は楽し気な包装や派手で愉快な広告宣伝に包まれて何らいかがわしいところのない「当たり前な商品」として手元に届けられるため、世界の消費者も私たち日本人も普段はあまりにも無関心となってしまう。本書で随時明らかになる通り、現代の世界システムはまぎれもなく一端は途上国の児童奴隷労働制度の上に成り立っていながら、リンカンの奴隷解放宣言により、その忌まわしい制度は完全に過去のものになったと無邪気に思い込んでいる読者も少なくはない筈である。また、各国の政府も、奴隷の存在を認識して法的には禁止をしながらも、調査や対策は「付け焼き刃」であったり書類を揃える形ばかりの例も多く、未だに見て見ぬ振りが実情である国々も多い。

改めて強調しておきたいのであるが、因習や社会制度の旧弊から生まれる奴隷も少なくはないものの、現在、最も大きく取り上げるべきは世界商品や多国籍企業の活動、それに先進諸国の身勝手な国家戦略の犠牲となって生まれる子供の奴隷の問題である。旧弊をひきずったまま、洪水や飢饉など自然災害によって貧困や、エイズ、その他流行病による社会システムの崩壊などにみまわれ、子供が奴隷に転落する事例も決して少なくはないが、世界商品・企業戦略・国家の政策との関連から生まれる奴隷は、私たちの普段の消費活動や生活と密接につながっている問題である。しかも、石油をはじめとした基礎的天然資源や穀物取引の実態を少し注意深く省みればすぐに分かる通り、主要な世界商品の生産・流通・消費には極端な独占や寡占体制と高圧的で暴力的な経済戦略の押しつけないしは巧妙な資源略取の戦略がすでに往々にしてつきまとっている。特に金融・投機は、国家予算や全世界の商品の総額を百倍も上回るような規模の活動が何の規制も受けずに跋扈《ばっこ》する実情である。折しも本書執筆の折、サブプライムローン問題などを契機として世界の株式市場で大暴落が起こり、「一瞬にして二七〇〇兆円もの金額が吹き飛んだ」などといった異様な報道がなされている。異様なその「異常さ」「歪《いびつ》さ」の中で、私たちはもっと多くが共生できるグローバルな社会の構築を求めてゆかなくてはならない地点に立ち至っているのである。

ここで、児童奴隷制度が世界の多くの国々で世界企業の活動と結びついて展開している現状につき、「世界は南部化しつつある」とみる仮説を提示しておきたい。以上のような「奴隷制を含んで展開する社会」という歪んだ現状は、実は近代アメリカ奴隷制社会に展開した社会構造の推移と同質な一面を有していると考えられるからである。

すでにイギリス植民期のアメリカ南部諸州は、少数の大手プランターがタバコや砂糖、米、インディゴなど、当時の世界経済の動向を左右するような重要商品の奴隷制生産を寡占的に支配する社会で、上層の数パーセントの奴隷保有者が、バージニアやカロライナの政治・貿易・商業の大半を支配していた。つまりは、貴族制的社会であり、極端な格差社会の展開である。広大な農地や資源はことごとく先住民から奪い取った土地から得たものであったし、世界市場向けの商品生産のための働き手として利用されたのは主に黒人奴隷と白人の年季奉公人であった。カナダも含めて、北米植民地の大きな特徴のひとつは、バージニア会社やハドソン湾会社、サスケハナ会社、オハイオ会社、マサチューセッツ会社、王立アフリカ会社など特許会社・株式会社による植民・開拓活動が大きな比重を占めて莫大な富や広大な土地の集積がすすんだことである。そこでは「富裕層が法律、裁判、警察、新聞、大学、教会をコントロールし」「国の富を個人がかすめ取る社会」が早くから根付いた。建国当初より、営利と競争が生活の軸芯となり、独占、敵対勢力の全面的排除が当たり前なこととして「世間」を形成したのである。(4)

自由と民主主義を志向した独立革命を経て南北戦争に至る間も、アメリカ深南部 Deep South ではイギリス産業革命と結びついて大規模奴隷制綿花プランテーションが「綿花王国」を発展させ、長く同様な傾向が続いた。先住民との抗争が激しさを増した西部諸州も、むしろ南部的な差別社会の特徴を色濃くもつ州として歴史を刻んだ。南北戦争後の再建期には一時は元奴隷プランターたちの政治的地位は後退するが、アメリカは間もなく南部再建（民主化）には失敗、人種差別も根強くはびこって公民権運動の時代にも寡頭的支配と極端な人種差別は継続した。そうした典型的な徹底した差別社会でありながら、どの州も表向きは「自由」や「民主主義」を装う地域として存在してきた。他国に対する模範として「民主的選挙」が看板とされたのも建国の理念からいえば当然であるが、一九六三年、アラバマ州知事に立候補し当選したジョージ・ウォーレスの選挙公約は「昨日も差別、今日も差別、明日も差別、永遠に差別だ！」であった。奴隷制が当たり前であった社会の社会構造や伝統、心性は、根強く生き延びて着々と復権を遂げていったのである。冷戦体制はそうしたアメリカ社会の歪《いびつ》さを、多くのアメリカ人に見落とさせてしまうことになった。国内資源と豊かな土地が豊富なため、鉄道業、石炭・石油産業、農業などが他国にはないような規模と速度で大きな富を生み出したことも、アメリカ社会のネガティブな側面を覆い隠すのに十分だった。

各州の身勝手な差別体制までを「州の自立性、州の自由」と強弁することを許容してしまう建国当初よりの連邦制の不備と、わずか七〇〇人足らずの「選挙人」によって大統領を選ぶウルトラ富裕層のための選挙制度の不備なども、南部的伝統復権の大きな原因となった。ちなみに、上院院内総務もつとめたバード家は植民期以来ずっとバージニアの政財界に君臨してきた大手奴隷主プランターのファミリーであるし、[5] アメリカ上院で最高齢議員の功労表彰を受けたサウスカロライナ選出の元院内総務も、実はなうての人種差別主義者であった。そのような政治風土、精神風土に生まれた巨大企業が、世界の軍事費の過半を保有するアメリカにおいてどのような世界戦略を選択することになるか、「奴隷制度の清算」という点に的を絞って少し注意深く考えをめぐらせれば、自ずとある程度推察が得られる筈である。こうした点については、5章でも再び論及する。

いわゆる双子の赤字が累積し、ソ連との過度な軍拡競争も末期を迎えた一九八〇年代以後にはそうしたアラバマやカロライナを含むアメリカ南部諸州は全米的な規模で政治的にも完全な復権を果たし、保守合同のうねりを呼び起こした。人気俳優のレーガンが担ぎだされて大統領となって以後には、南部・西部出身の大統領は当たり前の存在となった。こうしたアメリカ国内の社会状況の展開を基本要素として押さえてみれば、「南部化したアメリカのグローバル化推進戦略によって、世界もまた南部化しつつある」とみる視点が、どうしても必要となってくるのである。

八〇年代以後、行き詰まったアメリカ経済を立て直す秘策は、世界各国に規制緩和を強要しつつ、アメリカ・ドル主導の金融政策（金融詐欺といっても差し支えはない）とアウトソーシングを展開することであった。アメリカが戦略的に構想し実施したグローバル化とは、規模の経済の優位を誇るアメリカの産品をドル基軸の体制の中で保持する世界の構築のことであり、すでに寡占や独占を手にしていた多国籍企業にさらに大きな利益を保証するシステムの構築のことであった。

ボーダレス化した現在、世界中でお金や物や人が相互にさかんに行き交い、アジア・アフリカの海産物やコーヒー、カカオ、バナナなどの熱帯農産物、木材、鉱石、装飾品など、アメリカ随一の同盟国の日本には毎日膨大な物量の商品が流れ込んできている。その恩恵を受けて、私たちは他国をしのぐような豊かで、便利な暮らしを手に入れてきた。しかし、その陰では、搾取工場 sweat shop や不平等な貿易障壁や効果の十全ではない開発援助策の累積によって、貧しい国々の子供たちの悲惨さは増えつづけてきたのである。この問題は、当事国のみではなく、世界的に解決をはかるべき課題、そうした現状がなくとも本来人間として全世界の大人たちがまず第一義的に重要視すべき問題といえるだろう。途上国の技術・資金不足や非民主的な制度・因習の残存、政情不安を慢性化する民族・部族対立や旧態依然たる宗教問題など内的弊害にも当然問題は多いが、一国の政府事業や官界に取り入ってビジネス戦略を展開する世界企業の営利第一活動の影響や弊害は、実はあまりにも比重が大きいのである。

世界史的な現実の展開からみれば子供が貧困や差別の中に置かれる状況はむしろ「常」なることではあったといえる。しかし未だに「最悪な形態の労働」が多くの子供たちを取り巻き、何千万、何億もの子供が学校へも行けず日々の食料にも欠き、売られ酷使され虐待される状況があるというのは、やはり私たち現代の日本人の感覚から思えば異常な事態、それも「頗《すこぶ》る異常」な事態と感じられることだろう。しかも、今では国境を越えて5歳、6歳の子供がポルノの対象にされたり誘拐のうえ臓器を売られたり、8歳、9歳の幼い少年少女が兵士にまでされるという現実があり、そのすぐ周辺では銃器・兵器だけは蔓延し、天然資源やプランテーション商品、搾取工場《スウェット・ショップ》から多国籍企業が天文学的な金額の利益を上げるという現状がある。しかも後の章でみる通り、マクドナルドやシェブロンやベクテルなど巨大企業のもたらす環境破壊は桁外れに凄まじいものでもある。世界経済のあり方や国際関係の展開は、他国の環境破壊を伴いながら何千万、何億もの子供たちを奴隷制のくびきの中に押し込めるという、実はあまりにも「異常な」体系と連結しているとみて差し支えないのである。本書の基本スタンスは、「南部化する世界」という視点の中でこの異常性を強く認識するところにある。

筆者ばかりでなく、現代における奴隷制度の残存や再編を最も重要な社会問題と考える組織や団体は幾つかある。国際反奴隷制協会（*Anti-Slavery International*: http://www.antislavery.org/homepage/antislavery/childlabour.htm#how）などと同じく、奴隷制廃止にもっとも熱心に取り組む組織の一つである *Free the Slaves Net* のサイト（http://www.freetheslaves.net）では、こうした現代世界システムの異常性の一端を示す事実につき、次のような「Top 10 Facts」を挙げている。

1　暴力的手段のもと逃げることもできず、報酬さえなく強制労働にさらす奴隷制の存在。

2　現在の世界の奴隷の数、およそ二七〇〇万。
3　奴隷制はどこでも非合法でありながらどこにでも現れている。
4　最大の奴隷制はインドとアフリカ諸国にみられる。
5　最も少なく見積もっても、毎年一万四五〇〇人の奴隷がアメリカに輸入されている。
6　農場、売春宿、家庭、鉱山、レストラン等々……奴隷主は自分たちの貪欲を満たすあらゆる場所で奴隷を使役する。
7　人身売買はまさに現代の奴隷貿易である。
8　現代では奴隷の値段の相場はだいたい九〇ドルである。
9　奴隷主は「奴隷制」という言葉を覆い隠すために次のような色々な用語を用いる：借金の束縛、借金返済労働、差押さえ労務、強制労働、年季奉公、人身売買。
10　政府、産業界、国際機関、消費者、そして「あなた」がそれぞれの役割を果たせば、今後四半世紀で奴隷制廃絶はできる筈。

世界はグローバル化し、ボーダレス化の勢いは止まる方向には向かうべくもないし止めることもできないであろうが、多数の人間が関わりあうにあたっては、まず何より最低限のルールが必要である。そのルールが不整備・不十分で、ルールを統括する国際的な権威や正当性の確立していないこと、むしろそうした権威が国連のような国際機関の手を離れてほんの一握りの特定企業や特定国（特に南部化したアメリカ）が独断的・独善的に専行するユニラテラリズムの方向に傾斜してしまっている点に最大の問題点がある（アメリカが国際刑事裁判所規定や子供の権利条約、京都議定書、先住民の権利章典など最も合意の急がれる国際条項に対して批准を拒否している事実を挙げるだけでそのことは了解できる）。旧著『交易と心性』において見通したことであるが、そのアメリカはいわば「汝が欲することのみをなせ」を唯一の憲法として「肉雑炊《ぞうすい》領」を絶え間ない軍事行動によって拡げていった「巨人ガルガンチュアの帝国」として成り立った国であり、しかもその政権を支える最も大きな利害集団はライフル協会や退役軍人組織、そして軍需産業、資源産業、穀物産業、エネルギー産業、巨大建設業、そしてさらに国際金融資本である。情報と娯楽と広告宣伝も、むしろ第一にはそうした利害集団の利益を肥大化させる仕組みが今では根づいているとみてよい。例えば、アフリカで飢饉が起きた場合、その惨状の一部が大手放送局のテレビで盛んに流され、ユニセフや各種国際支援機関を通じての援助が呼びかけられることがあるが、その時調達され消費されるのは、大手農園が過剰に生産し穀物メジャーがたっぷりと溜め込んだ過剰な食糧である場合が少なくはない。それに関わった多くの企業は本社をタックス・ヘブンに登録し、どこにも税金は支払われないしその国の監査も及ばない。日本や世界中からの善意の募金が、結局はそうした「巨人」の利益となって闇に消えるのである。

そうした緊急の場合ばかりでなく、途上国支援のインフラ整備や軍需支援は子供たちの働く現場には一割も届かない場合が多く、結局利益を増やすのは援助した側の巨大企業や政治家や特権層という図式は、既に何十年にもわたって南北問題の裏側に展開するお決まりの構図をもっている。この「異常さ」の認識を見落とすと、子供たちの受難を改めるための政策や試みは、すぐに振り出しに戻されてしまうことになる。

（4）子供を貪る世界

ほんの少しの食べ物や飲み水がないために、世界では今この瞬間にも一分間に二〇人ちかくの子供たち（5歳未満）が命を失っている。飲料水欠乏に苦しむ人口は一〇億人、環境汚染や温暖化の進行で、「水戦争」は今後さらに深刻化すると予測されている。世界の子供たち六人のうち一人は餓死寸前の飢餓状態である。世界の四割の人たちは薬や病院とは生涯無縁で、一億一五〇〇万人の子供たちは一生の間、学校というものとは無縁である。同じ数だけ、孤児となった子供たちが親の愛とは無縁なままに暮らしている。ドメスティック・バイオレンスに苦しむ子供たちは三億人ちかくに達するという。ＨＩＶ／エイズ感染に苦しむ子供たちは、およそ三〇〇万人である。エイズ以外にも、肺炎、下痢性疾患、マラリア、はし

図1-1　児童労働の地域別分布比率

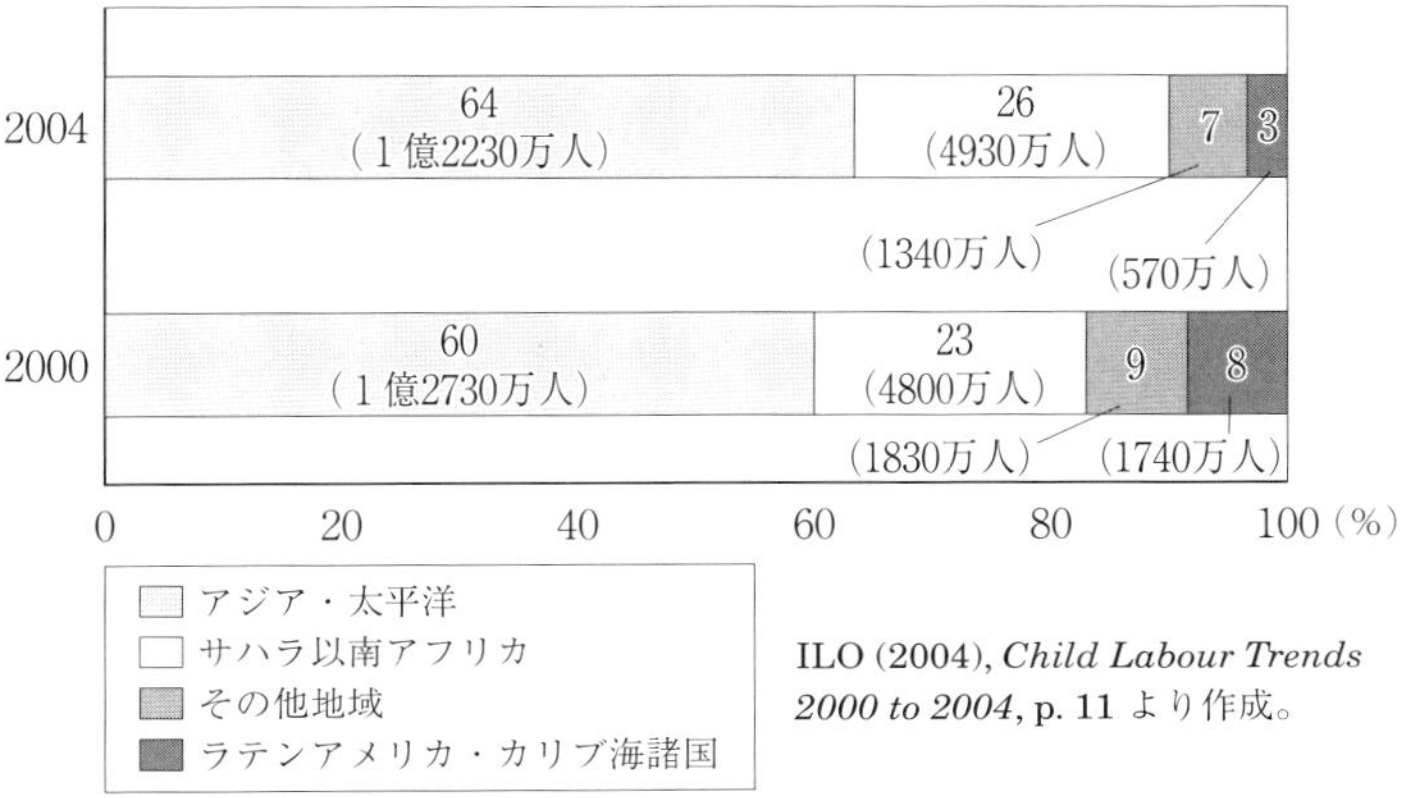

ILO (2004), *Child Labour Trends 2000 to 2004*, p. 11 より作成。

かなどで死亡する子供も多い。

こうした状況の中、子供たちは厳しい労働も余儀なくされている。大まかにいえば、世界の子供の六人に一人が働いているという計算になる。働いているといっても、本書で何度も事例を挙げている通り、子供たちが受け取るのは「雀の涙」にも及ばないほどの低賃金であり、また奴隷として扱われる場合もある。地域別の実情は図1-1の通り（ILO二〇〇四年の統計による）。ちなみに、この図のデータにはストリートチルドレンや少年兵は含まれていない。正確な児童労働の人数は算定しがたいが、既にふれた通り、ILOは5歳から14歳までの児童労働の数を、アジアでは一億五三〇〇万人、アフリカでは八〇〇〇万人、ラテンアメリカでは一七五〇万人と推計している。[6]

子供たちが従事している労働分野は、農業が圧倒

図1－2　最悪の形態の類型と概数（単位：1,000人）

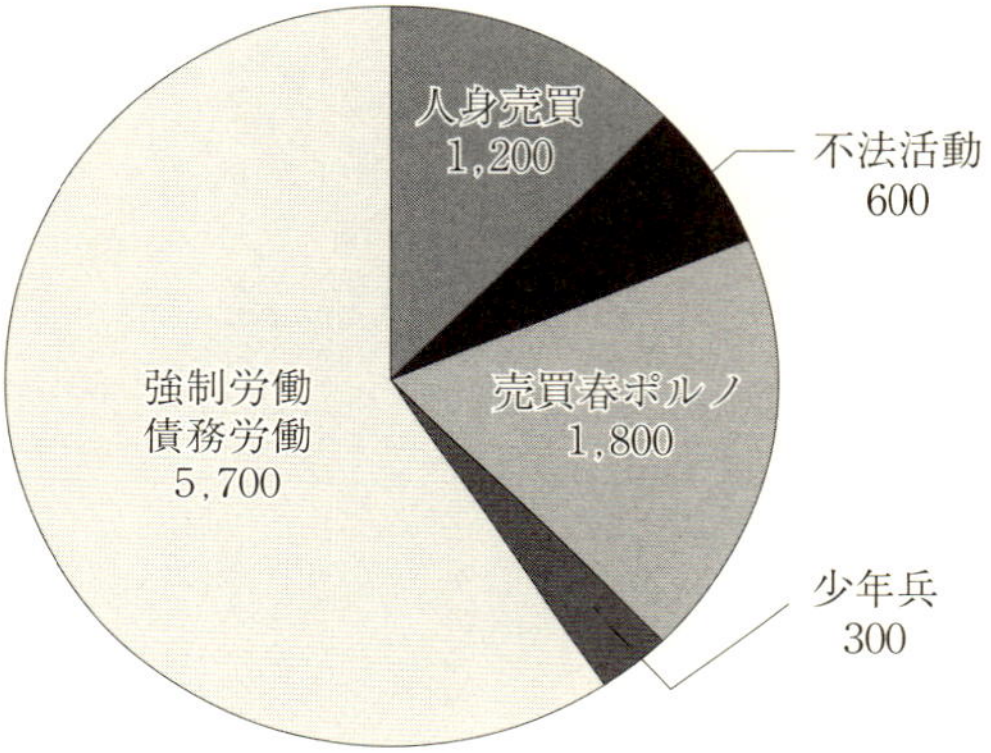

International Labour Office (Geneva), *Every Child Counts: New Global Estimates on Child Labour*, 2002 より作成。

的に多く、プランテーションでの債務労働者として家族の借金のカタに働かされるケースが目立つ。農薬、化学肥料、殺虫剤によって危険な労働に長時間従事させられている事情はカカオ・プランテーションの項目などで詳述する。また漁業では、深い海での漁業や魚を網に追い込む作業に子供が利用され、酸素不足や潜水病で死亡に至るケースもある。ジャワ島沖大地震の後も多くの子供が誘拐され、漁業奴隷とされたドキュメンタリーがNHKで放映されたことがある。沖縄の「糸満売り」も含めて、アジアや北米先住民社会には漁業に奴隷を用いる伝統がある。アフリカでの漁業奴隷の事例については、YouTube の動画サイトで「Child Slavery」のキーワード検索をすれば映像を見ることができる。[7] 製造業ではカーペットづくり、織物や革なめしの他、タバコ、Tシャツづくり、スポーツ用具の製作、宝飾品研磨、手工芸、ガラス製造、陶磁器、マッチ、花火の製造、そして鉱山や建設業での従事がみられる。

多くの子供たちが労働請負人（人買い）の斡旋《あっせん》によって職に就いているが、そこには当然ピンハネが見られる。大人よりはるかに安い賃金で長時間こき使われ、不健康で危険な環境で働かされている。化学薬品や汚水、重金属による病気やケガも稀ではない。親の借金が幾らあるのかは知らず、自らの労働条件は「高給、厚遇」と言って騙され、使用者の言うままに働く状態に置かれている。作業時間以外は鎖でつながれて監禁される子供もいる。

児童買春、児童ポルノなどに追い込まれるセックス・ワーカーも多い。エイズ／HIV等の性病感染患者がアジア、アフリカで激増しており、望まない妊娠で子供をもつ十代の少女も少なくはない。セックスにつきものなのが麻薬で、薬物中毒患者も増えている。アジアでは少なくとも一〇〇万人の子供が性産業に従事している（一九六六年国連統計）といわれるが、家内奴隷の実態も正確には分からず、大人の欲望の餌食となって苦しむ子供は数知れないのが実情である。幼児愛好の偏執狂（ペドフィリア）の横行については、6章で項目を立てて論じてある。インド、タイ、フィリピンには売春ツアーの為の施設もあり、ネパールからインド、ミャンマーからタイ、ベトナムから中近東といった具合に、セックス奴隷として子供を売買する国際的人身売買ルートが網の目のように存在している。(8) 本書原稿の整理をはじめた二〇〇七年は、イギリス奴隷貿易廃止二〇〇周年で、海外ではそれに関連した多数のドキュメンタリー番組が製作されたが、そうしたドキュメンタリーに描かれた黒人奴隷貿易の惨状は、今日の児童奴隷貿易の惨状の序章に過ぎなかったという気さえしてくる。

家事労働は「お手伝い」のニュアンスもあり、子供への虐待が見出しにくい労働分野であるが、一日中ほとんどを休みなしで働かされる長時間労働、手落ちがあれば暴行や折檻という状況で、雇い主の食べ残しを与えられるだけで賃金の支払いもなく、少女の場合は性的虐待を受けるというケースも稀ではない。ストリート・チルドレンに「ボス」が絡むと、売り上げは巻き上げられ暴行やレイプも受ける。ブラジルでは四〇〇〇人以上のストリート・チルドレンが警察によって「清掃された」というニュースがある。さぞかし町は小ぎれいで「豊かな」顔つきになったことであろう。

こうした窮状の子供たちに、今では世界企業の利殖戦略が重なり、村ぐるみ、地域ぐるみ、そして国家ぐるみで貧困が定常化する困難が子供たちを取り巻いている。そして、その企業が売る商品、つまり私たちが使いもする世界商品の連鎖が、私たちの生活の中に楽しげで豊かな顔つきで入り込んでいるのである。

『子どもを貪り食う世界』という本の中で、こうした現状への対処に関し、クレール・ブリセは「最終的に児童労働の全体的な廃止を求めてゆくという方向を見失わず、当事国に対して個別に働きかけ、部門ごと、企業ごとに一つひとつ交渉を積み上げてゆくことが肝要」と述べ、教育も現地の子どもたちの要望や必要性の段階に応じた実効性のある対策が求められていることを強調している。本書のテーマからすれば、「企業ごとに一つひとつ交渉を積み上げてゆく」ことこそ重点となって浮かび上がってくることになるであろう。

もっとも、巨大企業の立場はといえば、例えば巨額の罰金刑を支払う事例があったとしても、「どこ吹く風」といった風潮も少なくはない。「実際のビジネスの見方では、罰金など一つのコストにしか過ぎない。禁止される行為から得られる利益が大きいものならば、その行為はやめられることなどあるはずが無い。企業は、たとえ有罪判決を受けて罰金を科されても、単に、より尻尾をつかまれにくくする知恵を付けるだけ」といったことも観察されているのが実情である。(9) 罰金などというお金に関わるやり方だけでは懲りない企業人は幾らでもいる訳で、そうした人たちのものの見方や考え方自体を社会の中から排除する手段を講じなければ、実効性は望めないということになる。

2章　産業革命と児童労働

（1）産業革命の進展と働く子供たち

現代の子供たちの実情を考えるに先立ち、ひとまずは産業社会・消費社会の成立と子供の労働（強制労働）との関わりに目を向けておく。黒人奴隷の子供や先住民の子供の事例については、近代南北アメリカの奴隷制度の歴史にふれた数多くの文献から幾つか拾いあげてゆくことができるが、ここでは産業革命と児童強制労働の歴史を概観するに留める。[1] ここでの一瞥だけからでも、家内労働や丁稚《でっち》・徒弟奉公以外に近代産業体制の中に子供たちに対する強制労働が埋め込まれはじめた過程がはっきりと示されるだろう。

写真2－1にみるような炭坑でトロッコをひく子供を描いた図版は、高校世界史の教科書などにも掲載されているため、よく知られているものと思う。産業革命の時代、例えば一七五〇年の時点で、イギリスでは労働者の十四％が14歳以下の少年少女で、彼らはみな下層の貧しい家庭の子供たちということになった。[2] 狭い坑道での作業に小さな体の子供たちが重宝

写真2-1　石炭を運ぶ子供たち

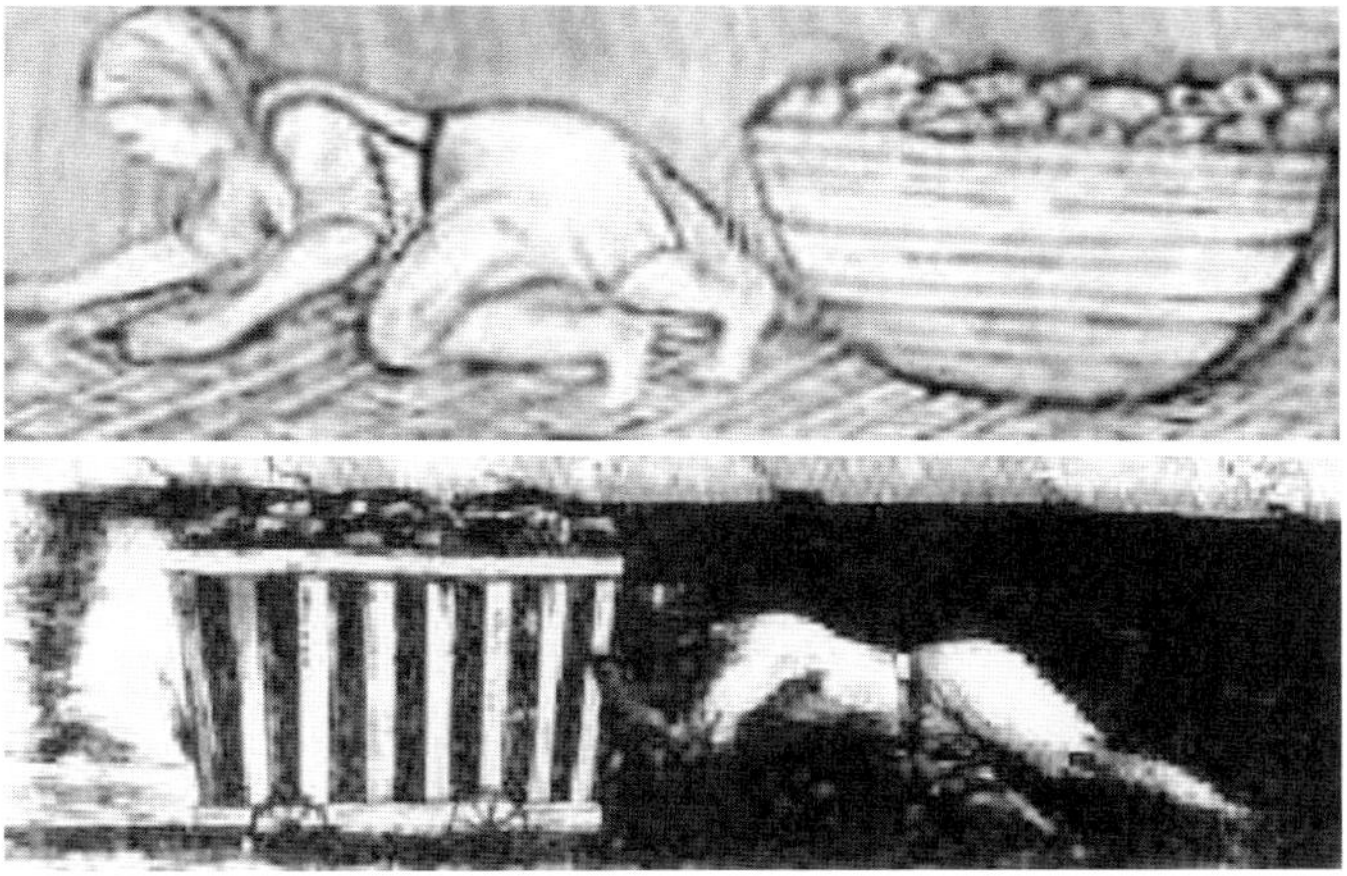

いずれも Pitwork net：*Early Coal Mining History* のネットサイトより転載。
http://www.dmm-pitwork.org.uk/html/history1.htm

とされたため、過酷な炭鉱での重労働にも多くの子供たちが徴用されたのである。

本書では子供の労働と数多くの世界商品との関係について考えてゆくことになるが、産業革命のはじまりを主導したのは綿花と鉄と石炭だった。綿工業と鉄鋼業・石炭業を基軸とした産業革命[3]は、多くの富や多種多様な製品・商品を生み出し、確かに、効率的な生産体制や便利な機械文明、そしてそれまでにはない豊かな消費社会を生み出した。しかしその背面や底辺では、それまでにない広範囲な公害問題や深刻な労働問題もつくり出してしまった。第一、綿工業の展開はアメリカでの徹底した奴隷制綿花栽培の広がりと結びついてはじめて成り立ったものであったし、その後の帝国主義や世界規模の植民地争奪戦争といった物騒な歴史の展開も、元々は産業革命の直接の結果だったといえる。便利な世界を「皆が豊かな世界」「共に生きる世界」にする知恵と思いやりを、人類はもつことが出来なかったのだといえる。残念ながら、今でもそうした知恵と思いやりがまったく足りない社会がつくられている現状を、この本では辿ってある。

産業革命の研究で労働問題を扱った文献は無数といってよいほど数多くあるが、賃労働や労働運動関連のものが主流で、子供の労働や奴隷労働、不自由労働・強制労働を扱った研究は近年に至るまであまり多くは書かれてこなかった。しかし、産業革命を基点ないし画期とした資本主義世界システムは、現実には至るところで児童労働、奴隷労働や強制労働を生み出し増やしつづけることで発展したものであった。[4]

子供が働くことはどの文明社会でもむしろ当たり前のことだったが、産業革命は世界中で奴隷制や強制労働の中に多くの子供たちを組み込み埋没させる大きな転換点ともなった。日常の最低限の必要を満たすためや一部の富裕層の贅沢にこたえるための物品ではなく、世界の市場で不特定多数の買い手や消費者に売って出来るだけ大きな利益を得るための世界商品の生産が、経済活動の主役となってしまったからだった。それ以後、「経済」という言葉は、本来の語義「経世済民」（世に産業を起こして民を救済する）を意味するのでなく、単に「売り上げを伸ばして経営規模や販路・利益を拡大する」といったビジネス一辺倒の活動を意味するかのように転換していった。現在、世界の多くの大学で講じられている「経済学」も、そうしたテクニカルな次元を本体とするものが多く、金融工学などの隆盛は、その中でも現実の国際経済にもっとも大きな（そして不安定で不完全な）影響を及ぼしているものといえるだろう。コーポレートクラシーの優位の時代というより、その専制の時代に入っているとの認識も必要な状況である。

そうした「経済」の本義の転換は、まずはじめに、「最初の工業国家」といわれるイギリスで起こった。

（2）工場の中の小さな手

発明当初の紡績機や織機は細かな作業を必要としたつくりのものが多く、子供の小さな手がどうしても必要だった。それに、地方の農場から都市に流れ込んだ多数の労働者は貧しく、家族誰もが働かざるを得ない状況にあった。産業革命期の工場で多くの子供が働き手として求められたのは、いわば当然のことであった(5)。

その産業革命の時代、働く子供たちの状況はどのようなものであったか？

チャールズ・ディケンズやエミール・ゾラの小説、そして「マッチ売りの少女」の物語などでその実情は何となくうかがい知ることができるが、ここでは歴史学や経済史の研究を主な手がかりにイギリスの事例について、ごく素朴な問いかけからみてみよう。アルバイトをしてお金を稼いでいる若者は今の日本に数多く居るはずで、彼らはみな、月に何万円もの稼ぎがあることだろうし、稼いだそのお金でお気に入りの洋服や携帯電話、音楽CD、本や化粧品、アクセサリー、何でも買うことができるだろう。中にはパソコンを買ったり高額な学費を全部自分でまかなったり、また海外旅行に出かける人もいるだろう。しかしそれに対し、産業革命の時代、子供たちはどのくらいの時間働き、いくらほどの賃金をもらっていたのか？

一言でいえば、彼らの多くはみな「恐ろしいほど厳しく貧しい状況」にあった。

6歳の子供がほとんど賃金なしに一日たったの1時間の休みだけで19時間働かされるようなことがあった。それほど極端でなくとも、12時間から14時間労働というのが当たり前だった。発明されたばかりの大型の危険な機械類は、いつでも事故を起こす可能性があり、時には命を落とす子供もあった。一八三三年の工場法が成立するまで事態はまったく改善されなかったし、工場法が施行されてからも、不当に安い賃金で酷使される子供はどこにでもいた。子供たちは大人が得る賃金のほんの何割かだけを支払われ、時々、工場のオーナーは彼らに一銭も支払わず逃げ回ることとさえあった。

特に孤児は奴隷のような扱いを受けることも稀ではなく、「連中には食物と保護と衣類を与えてやった」というのが、工場オーナーの言い分でもあった。同じ時代、アメリカでは農園主（プランター）たちが黒人奴隷に対して同じ言い方で奴隷使役を当然のものとして正当化していたが、イギリスでは多くの孤児がホモ・セクシャルの嗜好をもったカトリック司祭によって「保護」され、食物と衣類を与えられて集団でオーストラリアや海外の植民地に送りつけられることもあった。実態は司祭による儲けの多い人身売買ビジネスといってよいもので、安価で従順な子供労働を利用したオセアニア植民・開拓事業であった。その子供たちの一部は、やがて「sports hunting」を楽しむために先住のアボリジニを手当たり次第に銃で撃ち殺してゆく新天地開拓団の尖兵となってゆく。(6)

頼るべき親を亡くして寄る辺のなくなった子供たちが奴隷に転落させられるのは二十一世紀の今日の貧しい国々でもしばしばみられる事態で、例えば二〇〇四年に世界を震撼させたスマトラ島沖大地震（大津波）の際には地元震源地近くのアチェなどから人身売買によって「輸出」される孤児たちが激増して大きな問題となったし、タイやアフリカ諸国のエイズ孤児たちが奴隷として売られて売春業などに送り込まれてしまう事例は数限りなく報告されている。(7)

話題をイギリス産業革命期の「小さな手」の問題に戻す。

ほこりや煤煙や油にまみれた工場や作業場は不衛生で、事故が起きたような場合、子供たちの安全が考慮されるよりもむしろその不注意や手ぬかりが咎《とが》められた。機械を操作できないような幼児は織物業では補助的な作業に回されることが多かったが、幼《おさな》すぎるために作業に手間取って急《せ》かされたり罵られたりぶたれたりするのがしょっちゅうだった。たとえ1、2分の遅刻でも厳しい懲罰が課され、遅刻したりノルマが達成できなかったりすると、首に重い錘《おもり》を下げさせられ、みせしめのためにそのまま1時間も廊下を歩かされた（「weighted」と呼ばれた懲罰）。この罰のために、その後生涯にわたって首や背中を痛める子供も少なくはなかった。作業場では細かな規則が決められていて、違反があればすぐに「weighted」や賃金カットが行なわれた。賃金カットで子供たちの取り分は抑えるだけ抑えられた。それに元々、カットがなくても、子供たちは十分なお金など手にできない決まりになっていた。当時のある子供の証言では、「8歳の男の子は一日に三シリングか四シリング。大人の男の人のもらう分を八分の一にして、11歳だったら大人の八分の二、13歳だと八分の三、15歳だと八分の四、そして20歳になってやっと大人の分、だいたい十五シリングもらう」ことになったという。小さな手には、ほんの僅かなお金しか入らない仕組みが、工場の発展を支えていった訳である。

近代産業と共に、子供たちにはそれまでとは全く異なった「忙しさ」がやって来た。朝早く、服を着替える間もなく急かされて裸のままベッドからひきずり出される子供さえいた。

表2-1　鉱山・織物工場における児童労働者（1851年〜1881年）

	1851年	1861年	1871年	1881年
鉱　山 15歳以下　男子	37,300人	45,100人	43,100人	30,400人
15歳以下　女子	1,400人	500人	900人	500人
15歳〜20歳　男子	50,100人	65,300人	74,900人	87,300人
15歳以上　女性	5,400人	4,900人	5,300人	5,700人
15歳以下児童比率	13％	12％	10％	6％
織物・染色工場 15歳以下　男子	93,800人	80,700人	78,500人	58,900人
15歳以下　女子	147,700人	115,700人	119,800人	82,600人
15歳〜20歳　男子	92,600人	92,600人	90,500人	93,200人
15歳以上　女性	780,900人	739,300人	729,700人	699,900人
15歳以下児童比率	15％	19％	14％	11％

Booth, C. "On the Occupations of the People of the United Kingdom, 1801-81." *Journal of the Royal Statistical Society*, XLIX (1886): 353-399. Tuttle, Carolyn, *Child Labor during the British Industrial Revolution*: EH.net, http://eh.net/encyclopedia/article/tuttle.labor.child.britain

仕事が忙しい時期には、平均の睡眠時間は連日4時間ていど、というのも当たり前であった。

子供たちがこうした弱い立場に追い込まれ、工場主が圧倒的に強い立場に立ったのは、富の集中が急速にすすむ一方で都市や工場の周辺に膨大な数の貧民層が急激にあふれた為である。食うや食わずの極貧家庭は増えるばかりであり、工場主としては、より安価で従順な働き手を得たければ、スラム化した貧民街で「慈善的」に求人をすれば済む話であった。なおちなみに、当時の鉱山ならびに織物・染色工場における児童労働者の比率を示した資料があるのでその統計を紹介しておきたい（表２－１）。

（3）工場からの小さな声

こうした時代環境の中で働く子供たちには、実情の改善を訴える機会さえもちろん与えられなかった。「1、2分の遅刻で後遺症を伴うほどの肉体的厳罰」というのがまかり通った時代である。学校に通う機会もなく、子供たちは自分の実情を説明するための手段も言葉も知らなかった。

しかしやがて、児童虐待のあまりもの惨状を憂えて、議員や医師、教育者、奴隷解放論者などの中から、子供たちの小さな声を拾いあげてその待遇の改善や保護を訴える動きも出てくるようになる。下院議員のミカエル・サドラーなどが中心となって行なった児童労働実態調査（児童労働者からの聞き取り活動）は、そうした動きの中でも後に工場法制定の流れに決定的影響を与えたものとして最も重要なものであった。サドラーは17歳で *An Apology for the Methodists* (1797) というパンフレットを公刊した早熟な文章の達人で、後にイギリスの奴隷貿易廃止を推進したウィリアム・ウィルバーフォースなどと同じくメソジストの信者であった。一八二九年に下院議員となってすぐ、稀代の雄弁家としても一目置かれた人物で、彼の児童労働を規制しようとする彼の提言は当初は議会の激しい反論にみまわれたものの、彼の熱情的な説得、巧みな名演説によって広く受け入れられてゆくことになった。そのサドラーの調査で知られることになった「小さな声」の一部を以下に紹介しておく[8]。

「普段はお仕事をするのは朝の6時から夜の8時まででしたが、朝の3時には工場に出向いて夜の10時か10時半まで働かされることもありました。休憩は朝ご飯の15分間とお昼ご飯のときの半時間、そして飲み物をいただくための15分間だけでした。機械のお掃除がある場合には、お昼ご飯の半時間以外は休むことはできませんでした。妹は友だちの仕事を助けようとして手伝ってあげたときに〝余計なことをするな！〟と監督に叱られ、そのときに驚いて手を機械にはさんで二番目の関節から先の指が切り落とされてしまいました。叱られたためにお給料は四分の一に削られ、その日からの支払いもとめられてしまいました。どうして治療代を工面《くめん》しようかと困って、とって

写真2-2　ミカエル・サドラー

Spartacus Educator HP : http://www.spartacus.schoolnet.co.uk/IRsadler.htm

も悩みました。疲れきって作業がすすまないときには、皆しょっちゅう鞭《むち》で打たれていました。」

これは当然、「しつけ」の範囲を遙かにこえる虐待である。今の日本では子供を見ればどんな子供でも可愛いと思うのが大方の常識であろうが、そうではない社会は歴史の中に長く存在し、今なお広く存在している。右の「小さな声」が伝えた監督や工場主にしてみれば、「せっかく仕入れた高い機械を汚した」ことの方が、親切に友だちを助けようとした少女の指の切断事故よりも重大事なのであった。

（4）ヤマの子供たち

こうした時代、そしていつの時代にも最も過酷な状況にあったのは鉱山で働かされた子供たちである。危険で不安・不衛生がいつもつきまとい、一つひとつの作業が小さな体にはどれも常にすこぶる大きな負担となった。しかし狭い坑道での単純な仕事には、貧しい家庭の子供を使うのが鉱山主にとっては一番リーズナブルで利益のあがるやり方だった。そして、子供たちの手に負えないような極度の重労働は、囚人たちや仕事のない移民たちに課すれば経営的にも懲罰的にも一番効果のあるやり方だった。仕事が過酷なだけに不満も多い。荒らくれや囚人を秩序だてて管理するのには、種々さまざまな「やっかい事」もつきまとう。そこで、鉱山では威圧や恫喝、それにリンチまでもが当たり前、ということになっていった。

鉱山といえば、北九州の炭田跡地の大学に勤務していた頃に、元国会議員で俳優・ジャーナリストとして活躍する中村敦夫さん（第一期フルブライト留学生でテレビ時代劇『木枯紋次郎』の主役として有名）の講演をきく機会があった。子供の頃、中村さんには朝鮮人の友だちができて、仲良くなったのでその友だちの家へ遊びに行くことになったという。しかし行ってみると、その子は「ヤマの子」、炭鉱労働者の家庭の子で、「家」とはいっても「これが人間の住む家なのか⁉」と驚愕せざるを得ないような至極粗末な極貧の板ばり小屋であったという。

中村さんの子供の頃といえば第二次大戦後まもない貧しい時代のことで、少なからざる庶民が粗末なトタンばりや俄《にわか》づくりの板ばりの家にまだ住んでいた時代であるが、それでも中村さんが「これが人間の家なのか⁉」と驚くほどのショックがあったという。「ヤマの子」はいじめられ差別されることも多く、中村さんはずいぶんと同情させられることもあったそうである。十八世紀の「ヤマの子」や囚人、黒人奴隷が、当時の社会の中でどのような状況に置かれていたか、また現代の様々な地域の様々な鉱山地帯で、多くの子供たちをめぐる世界が一体どのように展開しているかが、何となく見えてくるエピソードであろう。

中村さんの講演をきいた後、筆者は九州と北海道、そしてアメリカの炭鉱労働者や鉱山奴隷の歴史についてしばらく調べる機会をもった。その折判明したのは、日本の鉱山労働者の境遇は実に昭和三〇年代に至るまで、リンチもあれば完全な人格否定をも伴うもので、落盤事故や坑内火災の死亡者の人数を調べてみると、アメリカの黒人奴隷の命よりも日本の鉱山労働者の命の方が「安く」扱われたと考えることもできるということであった。(9) 古い時代ほど歪《いびつ》な制度や害悪が多く広くまかり通るわけではない、ということである。これは、例えば兵士以外の一般市民の戦死者は、現代の方が人数も比率も昔よりずっと多くなっているといった現実を考え合わせれば、容易に納得できる事実であろう。そう考えられるなら、本書の後の各章で扱う幼い鉱山奴隷や工場・農場奴隷、少年兵などについての現代的な問題も、そうした視野をふまえて考えてゆかねばならないということになる筈である。歴史を十九世紀的な進歩主義の流れにそって「よりよい発展」を期待するような常識的な見方からは、歴史の実像はみえにくいのである。

ともあれ、「ヤマの子供たち」が地獄のような労働に押し込まれている状況は、産業革命期のイギリスでもやがてはっきりと認識されるようになっていった。イギリス政府が一八四二年になって10歳未満の児童の地下労働を禁止し、女子の鉱山での労働に大幅な制限を加えたのは次のような調査報告が公式にまとめられたからである。

「8歳ないし9歳から雇われるというのが通例ではあるが、幼くも4歳、5歳で炭鉱に雇われるという事例がある。鉱山の働き手としては13歳以下の者が非常に大きな比率を占めており、最も多いのは13歳から18歳の少年少女である。一番幼い子供たちに与えられるのは排水処理 trapping の作業であり、そのために彼らは一日の作業がはじまる瞬間から作業が終了する時点まで、日がな一日坑内から出てはならないということになっている。6歳以上のあらゆる年齢で重い荷車の運搬が課せられており、彼らはその小さな体に備えたあらゆる力を絶え間なく動かすよう強いられている。仕事に女・男の区別はなく、少年も少女も、青年男女いずれも、また既婚の婦人や子持ちの女も、みな裸同然で作業をさせられている。成年男子は、完全に素裸で働くのがほとんどである。道徳の頽廃は当然のことである。労働時間が11時間以下であることは稀で、しばしば12時間という報告が挙げられている。地方によっては13時間、14時間ということもある。」（一八四〇年「炭鉱における女子ならびに児童の雇用に関する実態調査のための委員会報告」）

「4歳、5歳の幼い子供が真っ暗な坑道の中で朝から晩まで終日重労働」というシーンが手にとるようにみえてくる。

（5）奴隷労働から児童労働へ：アメリカの場合

イギリスの植民地としてはじまり、一七八三年の独立後もイギリス産業革命の爆発的な進展と密接に結びついて広大な奴隷制綿花プランテーションを発展させたアメリカでも、産業革命期に綿花畑や鉱山、工場で多くの子供たちが働かされるようになった。アメリカ産業史に関しても本格的な関連研究は極めて少ないが、しかし実際には児童強制労働は、アメリカ産業革命期に少ない費用でたくさんの労働力を得るごく一般的な方法として急激に広まっていた[10]。

黒人奴隷の子供を厳しい労働に狩り立てることは当然、既にアメリカ建国当初からどの州でも広くみられたが、奴隷解放運動や奴隷制廃止運動の流れもあって、十九世紀後半の産業革命進展期にはアメリカでは貧しい白人移民の子供も含めて、児童の雇用・使役や児童強制労働は法的に廃止されたばかりの黒人奴隷労働に代わる恰好の労働形態として、それまでにない勢いで広がりをみせた。奴隷同然の扱いもまま見られた白人年季奉公人制度は植民期当初からのアメリカの伝統であったから、貧しい白人家庭の子供を奉公人（servant＝召使い）として雇うことは産業革命期を待たずして広くアメリカ社会に浸透した日常風景でもあったが、フロンティアの拡張と産業の大規模で急激な発展は、安価で従順な働き手への需要をさらに一層高めていた。アメリカ社会が一挙に工業化し都市化し商業化して競争が激しさを増したこの時代、工場、鉱山の経営者や商店の経営者は、大勢の労働力を要する危険な仕事を幼い子供たちに強要した。そのため、自由と民主主義を看板としたアメリカは産業革命中に、無慈悲な児童労働のブームを経験したのである。

詳しい数値を挙げることはできないが、一九〇〇年までにおよそ二〇〇万人以上の子供たちが奴隷制同然の過酷な労働現場に雇用され、そのほとんどが市街地の貧しいアパートに住む新来移民の子供であったといわれている。移民の子供たちは乏しい家族の収入を補うために、織物工場や炭鉱、製粉所、機械工場、縫製工場、タバコ工場、靴工場などにおいて、基本的人権などとは全く無縁の非人道的な条件下で働かされることが多かった。多種の産業で、子供たちは危険な機械類や不衛生な環境の下で一日中働かされた。子供たちは毎日長時間働かされ、既にみたイギリスでの場合と同様、同じ仕事をする大人たちの賃金に比べてはるかに低い賃金しかもらえなかった。産業革命中に現れた労働現場では、機械油や有害な廃液、汚水の流出、流行病、栄養失調、害虫の発生、そして理不尽な厳し過ぎる監視・監督体制が常態であることも多く、子供たちは心身共にすこぶる不健全な環境に押し込まれるのが通例だった。途上国において、まさに今展開している情景である。

当然、改善策や救済策も論議の的となることはあったが、アメリカでは産業革命進展中には児童労働の改革プランが軌道に乗ることはなかった。労働条件を改善し、法的な労働可能年齢を上げるように定めた全国規模の法律を可決するのに、連邦議会では何十年もの年数をかけて、結局は机上の空論に帰した何十ものプランが取り扱われただけであった。本格的な対策がはじまるのは、ようやく二十世紀に至ってからのことになる。

（6）ルイス・ハインとジェーン・アダムズ

扱う時代は二十世紀のこととなるが、ここでこの章のテーマに関連して是非とも注目しておくべき二人の傑出した人物の活動についてふれておく。今日の児童労働問題への対策を考えるにあたっても、大いに参考となるためである。

一九〇四年に全米児童労働委員会（U.S. National Child Labor Committee, NCLC）が組織され、本格的な改革の口火が切られた。そのNCLC所属の教育者・写真家であるルイス・ハインの活動が、まず静かな転換をアメリカにもたらした。彼は自分の仕事を「Photo-Story」として構想し、児童労働改善の使命をはっきりと認識していた。彼が「ドキュメンタリー写真の先駆者」と称される所以《ゆえん》である。

ハインは一九〇七年から一九一八年までアメリカ中を調査旅行して、時には雇い主たちから手ひどい暴行を受けたりしながら働く子供たちの写真を撮り続けた。危険を避けるため、彼は自分を消防調査員ないしは産業写真家と名のっていた。子供たちの名前や年齢、賃金、

写真2-3　ルイス・ハインの作品

アメリカでは奴隷制廃止後，安価な労働者として子供の利用が増えた。この写真の風景は現在では，本書第I部「写真篇」のネパールの少女（13頁参照）にそのまま転写されているといってよい。*Photographs of Lewis Hine: Documentation of Child Labor*: http://www.kentlaw.edu/ilhs/hine.htm より転載。

健康状態、労働・就学状況などを彼はひそかに調べていったが、子供たちの身長は自分の身長と比べてシャツのどのボタンの高さにあるかでおおよその見当をつけたという。彼の作品がいくつかの新聞で公表されると、アメリカ国民は工場の過酷な内部事情や地下鉱山の、思いもよらない悲惨な実態をはじめて知ることとなった。彼の写真はいずれも、アメリカの子供たちの厳しい状況を静かに、しかし鮮烈に表現していた。(11)

ハインの作品が注目を集めはじめたちょうどその頃、どの地方にもいる貧しい移民労働者の窮状が少しずつながらも伝えられ、また各方面で不満や人

写真 2-4　ジェーン・アダムズ

Harvard University Open Collection Program: *Women Working, 1800-1930* のサイト http://ocp.hul.harvard.edu/ww/people_addams.html

種的な対立も社会問題化して新聞や雑誌で報道されたりしはじめると、心あるアメリカ国民の多くは抜本的な改革を望むようになっていったが、全般的にはビジネス界は児童労働がそれほど深刻な問題であるとなかなか認めようとはしなかった。市場は急速に広がり、競争も激しさを増し、安価な従順な労働力はいくらでも追加したいというのが経営者の本音であり何よりの望みであった。そんな情勢の中で児童福祉の諸問題について政治的レベルの改革意識の高揚をはかり、働く子供たちの問題に関してはアメリカ政府が責任をもってモニターするよう呼びかけて実効性のある改革を次々と先導していった代表的な人物がジェーン・アダムズであった。

アダムズの父は奴隷解放宣言で有名なリンカンとも私的な交流をもった人物であったが、その父はジェーンが最も多感な時期（ジェーン21歳）に世を去り、ジェーン自身もその年に持病の脊髄障害の大手術を受けたため、首席で在籍していた大学をやむなく中退せざるを得なかった。自分の不遇で不安な境遇が、その後の貧しい子供たちへの同情と強く結びついたとみて間違いはないだろう。彼女は実母を2歳で亡くし、一人の兄を自分が生まれる前に生後二ヵ月で亡くしているし、更に6歳の時には16歳の姉も失っている。

ハインが「ドキュメンタリー写真の先駆者」と讃えられるのに対してアダムズは「ソーシャルワークの先駆者」といわれ、後にはノーベル平和賞を受賞（一九三一年）、今でも国連本部には「ジェーン・アダムズ平和委員会」というＮＰＯ組織が置かれて、世界平和を訴える児童書に対して「ジェーン・アダムズ平和ブック賞」の顕彰活動を行なっている。イリノイ大学には「ジェーン・アダムズ・ハルハウス・ミュージアム」が開設されている。

失意の底にあった時期にイギリスで先進的な社会福祉施設（セツルメンツ、隣保館）の活動があることにアダムズは感銘を受け、帰国後は一八八九年にシカゴのスラム街に「ハルハウス」を設立、貧困家庭やホームレス、移民の救済と子供たちや女性の地位向上・労働条件の改善を各方面に訴えてゆく。彼女の意識・思想の根底には、未だ因習的な女性観念も根強いアメリカ社会の中では（男性との役割分担を明確にしながらも）女性の自立と社会参加こそが必要であり、未来を担う子供たちの数々の受難に対してもそうした自立した女性たちの関与が何より重要だとする認識があった。*Children in American Street Trade* (1905) など児童労働に関する論稿も多い。

アダムズは先に述べた全米児童労働委員会（ＮＣＬＣ）が公式に連邦組織となった一九〇七年、その世話人メンバーの一人として活躍、一二年には連邦児童局 Federal Children's Bureau が設立されてその後の児童労働改善政策が全米規模で推進されてゆくことになる。

ＮＣＬＣ、ハイン、アダムズらの旺盛な活動は多くの抵抗や誤解にさらされながらも徐々に稔りをみせ、一九一六年に至って最初の「連邦児童労働法」が制定される。その一九一六年法には、各州間の通商や外国貿易を含むビジネス分野に限ってのことではあるが、子供の労働可能年齢を引き上げ、労働時間数を軽減する勧告が含まれていた。もっとも一九一八年には、驚くべきことに、最高裁判所はその一九一六年法は違憲であると宣言し、その後は20年以上にわたる長く苛立たしい法律解釈闘争の後で一九三八年にようやく、労働基準法が制定されるに至ったのである。そうした困難な状況の中にあっても、ハインやアダムズの地道で実践的な改革活動は、一定度の確かな成果を生んだものとして記憶されておいてよいであろう[12]。

アメリカにおいて子供たちの苦しい状況が救済されるためには長く困難な道のりが続いたわけであるが、児童労働は、工場主や農園主の意識はともかくとして、産業革命中の現実のアメリカ社会において非常に深刻な社会的・経済的問題だった。子供が働くという概念は広く知れ渡り、社会の中でも容易に受けいれられていた。生きるためには、激しく危険な労働も、アメリカで暮らす何百万もの子供たちのやむを得ない選択肢であった。そして一世紀後のいま現在、アメリカではメキシコやプエルトリコ、アジア各国からの移民の子供たちおよそ六万人（14歳以下の少年少女、児童）が法定最低賃金の三分の一ほどの低賃金で働かされ、学校へ通うチャンスもなく、人種差別の不安を抱えながら極貧の生活の中に落とし込まれている。サイパンなどアメリカ本土から遠く離れた場所やフロリダ、カリフォルニア、ニューヨークでは slave plantation や sweat shop（搾取工場）の展開もみられる（後述）。長い道のりはまだまだ続くようであり、その道のりが迷路へと迷い込むか新たな前進をみせることが出来るかは、まさに私たちの世代の課題として残されている。(13)

3章　おいしいものと子供の奴隷

(1) カカオ、ココア、チョコレートの苦さ

カカオ、ココア、チョコレートと奴隷制の結びつきの起源は十六世紀にさかのぼる。カカオがはじめて世界商品となった時、それは最初から奴隷制の産物だったのである。

カカオ原産地は中南米。ラス＝カサスの記述によるとスペイン人がアステカ帝国を征服した際、「五〇〇〇万人」ともいわれるインディオを大虐殺して後にヨーロッパ向けの植民地商品として奴隷制によって大量生産しはじめたという。それまでは唐辛子を混ぜて「半神半人」の皇帝や貴族など特権層のみが飲んだ「激辛飲料」であった[1]。

カカオは一八八〇年頃にアフリカのガーナや象牙海岸（コートジボワール）のヨーロッパ植民地に移植され、住民のほとんどすべてを徴用して強制栽培されるようになった。その直接の延長線上に現代のカカオ・プランテーションが展開している。今でも、コートジボワールやガーナやナイジェリアでは人身売買によって近隣のマリやブルキナファソ、トーゴなどか

ら売られた孤児や子供が奴隷状態で栽培をつづけている。二十一世紀の今日でも、奴隷貿易のルートまで存在しており、時々新聞に記事が載ったりテレビニュースで報じられたりすることがある。国連の調査では、毎年およそ七〇万人もの子供や女性が国際的な人身売買のえじきとなり、Anti-Slavery International の推計ではその「奴隷貿易」による売り上げは七〇億ドルに達するとみなされている（本書6章（4）参照）。

カカオがチョコレートになることも知らず、朝から晩まで酷使される子供の数は、実に一〇万九〇〇〇人に達するという調査（二〇〇二年）もある。日本のカカオ輸入は、この地域、ガーナからだけで七割を超えている。日本では「ガーナ・チョコレート」の商品名はずいぶん昔から有名で、チョコレートといえばガーナ、ガーナといえばチョコレートというフレーズは、ごく自然な言い回しとなっている。日本やヨーロッパにおいては甘いチョコレートやココアは、元々はカカオ産地の子供たちの苦い涙が浸み込んだものである。

なお、ガーナではヴォルタ州のエウェ族などにみられる「トロコシ Trokosi」の風習も問題である。これは、罪を犯した家族が幼い少女を宗教施設に奉納する少女奴隷の慣わしで、少女たちは強制労働のほか、聖職者の性的奴隷にもされる。現在までのところ、二五一〇人のトロコシが確認されている。トロコシの制度は一九九八年の法改正で漸く禁止された。地元ＮＧＯの活動で二一九〇人の女性が解放され、職業訓練などが行なわれている。(2)

欧米ではカカオ生産世界第一位のコートジボワール産が主で、コートジボワール産カカオは世界シェアの四割以上を占めている。コートジボワールのカカオ園でインタビューを受けたビクターという黒人少年は、「これ（カカオ）が何になるかなんて知らないよ。誰かが何かをたくさん買っていくんだ。でもその人たちは、実は僕の体をむさぼり喰っているんだ」と答えている。チョコレートの「黒い肌」を見るたびに思い出してしまいそうな言葉である。

コートジボワール周辺で児童奴隷労働が行なわれていることは二〇〇一年に欧米諸国で広く知られることになり、アメリカ国務省、ユニセフ、ＩＬＯなどが重要問題として取りあげはじめた。ニュースや雑誌でも大々的に特集が組まれ、人権団体などからの突き上げが高まってチョコレート業界では独自に改善行動計画を作らざるを得ない事態となった。その折の調査報告は、中心となった作成者二人の名前を取って「ハーキン・エンゲル議定書」と呼ばれている。(3)

この議定書は、児童奴隷労働廃絶をめざすための行動計画案といったもので、農園の監視システムの整備、子供の労働条件の改善、最低賃金の保証、奴隷不使用商品の証明などを二〇〇五年六月一日までに行なうよう勧告したものである。大手食品企業のマスターフーズ（M&M Mars）やハーシー、チョコレート生産協会、世界ココア基金の代表者が、アメリカの国会議員や奴隷制反対運動に関わるＮＰＯなどと共にこの議定書に署名している。「西アフリカのカカオ農場における カカオ豆の栽培・加工において最悪の形態の児童労働を特定し廃絶する。チョコレートおよびその関連製品に使われているココアは児童強制労働を利用せずに栽培・加工されたものであることを公式に保障する」というのが「ハーキン・エンゲル議定書」の決定内容であった。監視のためのシステムも考慮されていたが、監視の方法や罰則などについての詳細な規定はない。米議会下院は二九一票対一一五票でこの議定書を法案化したが、業界は有力保守議員に盛んなロビー活動を展開し、「奴隷不使用」のラベルを貼るだけで事を済ませようとはかった。「自分たちが農園を持っているわけではなく、子供を使いません、奴隷を使いませんとは約束できない」というのが業界の言い分であった。児童奴隷の作ったカカオが奴隷不使用カカオに混ぜて売られることも容易に考えられた。「反対一一五票」という数値が、アメリカ議会での圧力団体の影響の大きさを示している。そのため期日までに大した成果はみられず、アメリカの人権団体「国際労働者人権基金 International Labor Rights Fund (ILRF)」が中心となって代表的なチョコレート会社や食品商社に対し、訴訟を起こす事態となった。

訴えられたのは、誰でも知っているお馴染みのネスレ（ネッスル）社、大手チョコレート会社のADM（アーチャー・ダニエルズ・ミッドランド）、穀物・食品商社として世界を牛耳るカーギル社である。いずれも、「虐待や不法行為から被害者を守るための連邦法に違反して

写真3-1　ココア・キッズ

International Labour Rights Forum のサイト http://www.laborrights.org/files/COCOAPoster.pdf.

巨額の利益をアフリカの子供たちから搾り取っている」ということで訴訟沙汰となったのである。ネスレやカーギルは、「買い叩き」と搾取工場の利用で独占を維持する企業として企業訴訟関連の文献やサイトでしばしば見かける問題企業としてもお馴染みである。ちなみに、ハーシー社のCEOケネス・L・ウォルフの二〇〇〇年度の給与は七八七万七五五四ドル（それ以外に、ストック・オプション二六一万五八三八ドル、その保留分四〇〇万ドル）、ADM社CEOのG・アレン・アンドレアスの同社に対する「貢献報償」は八三八万一三七一ドルである。

上の写真は *International Labour Rights Forum* のサイトで公開されている児童

労働反対キャンペーン用のポスターに使われたもので、写真の下には

NESTLE USA：Brad Alford, Chairman and CEO, 800 North Brand Blvd., Glendale, CA 91203

CARGILL：Warren Staley, Chairman and CEO, Cargill, Inc. PO Box 9300 Minneapolis, MN 55440-9300

ARCHER DANIELS MIDLAND COMPANY (ADM)：G. Allen Andreas, Chairman, Chief Executive and President, 4666 Faries Parkway, Decatur, IL 62526

といった具合に、チョコレート会社の名前とその責任者、抗議先住所が明示され、次の諸項目についてこれら代表的企業が責任をもって対処するようアピールしている。日本では、こうした名指しの批判や責任追及は忌避され、むしろ批判者が批判されて村八分にされる傾向があって、建設的で実質的な議論が広がらない場合が案外多い。

＊各社のためにカカオを生産している世界中のあらゆる農場をきちんと調査して、自社の責任を確認すること。

＊フェアトレード証明のあるカカオを十分な量買い取り、それを継続すること。
＊すべての農場で児童労働が用いられないようモニターすること。
＊ココア農園で働く子供たちのためにより多くの資金を拠出し、リハビリテーションと教育プログラムに投入すること。

ポスター写真の解説は次の通り。短いが当然、インパクト十分の文章である。

「チョコレートの甘さは奴隷制度の苦い経験を隠すことができるわけではありません。チョコの原料のカカオは幼い子供たちがつくっていますが、その子たちはだまされ売られてコートジボアールのカカオ・プランテーションでこき使われているのです。一〇万九〇〇〇人以上もの子供たちがカカオ農場の中で『最悪の形態の児童労働』に押し込まれています。アメリカのカカオは、たとえばネスレ、カーギル、アーチャー・ダニエルズ・ミッドランド社といった皆さんおなじみの会社によってたくさん輸入されています。自分が食べるチョコレートに幼い子供たちの労働が使われるなんてことに、あなたは決して満足していないということを、こうした会社に分からせてあげましょう！」

プランテーションから助け出されたある子供の証言に目を向けてみると、カカオ農園の子供たちの労働が、まさに奴隷状態の事例も含んでいることが分かる。子供たちは、さらわれたり、だまされたり、親に売られたりしてカカオ農園まで連れて来られ、殴られることが日課の一つ。重たいココアの袋を担がされて、重くて重くてそれを落としてしまったとしても、誰も助けてくれる筈もない。もう一度担ぎ直すまで、殴られ続ける。カカオを収穫して、自分の腕よりも大きなナイフで実を切り開いて中身を取り出すといった危険で単調な作業が、朝早くから夜遅くまで一日中つづく。危険な高い木に登って、大人でも捥ぎ取るのが大変なカカオの実を休みなく収穫し、毒性の強い危険な農薬を素手で撒かされることもある。農薬を防ぐ防具や防護服はもちろん与えられず皮膚病や内臓疾患で苦しむ子が少なくはない。4歳から働く幼児もいるのは産業革命期のイギリスの炭鉱の事例と同じである。カカオ農園で働いている子供たちの就学率はわずか三四%で、小学校にさえ通ったことのない児童が多い。奴隷として使役される子供はガーナでおよそ八〇〇〇人、コートジボワールでは一万五〇〇〇人と推定されているが、実数は不明である。カカオ農園はコートジボアールだけで六〇万以上あり、そのカカオ園で働く労働者はおよそ五〇〇万から六〇〇万人といわれ、何らかの形でカカオ産業に関わる者も四〇〇〇万人から五〇〇〇万人といわれる。調査は十分に行なわれているわけではないから、カカオ農園で働く子供たちの総数は、おそらく桁外れにもっと多いと考えられる。

カカオ農業で得られる収入は、家族一人当たり三〇ドル～一一〇ドル、子供たちの取り分はそのうちの僅かでしかなく、当然、極貧状態である。国際的な価格競争が熾《し》烈で欧米の企業が安く買い叩くため、生産農家が得る現金はあまりにも少ない。大手の仕入れ業者が買い占めを行なって値崩れを人為的に作り出すこともある。この25年の間に、カカオの価格は十分の一にも下落したが、カカオの価格が下がって得をするのは当然、先進国のチョコレート製造会社とココア企業だけである。西アフリカや中南米のカカオ産地で「本場もの」のチョコレートを作るようにすれば、アメリカよりもずっと安くておいしいブランド・チョコレートが作れそうなものである。しかし技術格差は歴然としているうえ、基本的なインフラ整備も十全ではない。そして途上国のチョコレートには高率関税がかけられる。途上国が自立的産業を育成し世界に売りたいと思う産品が世界市場で競争に挑む可能性は、ほとんど閉ざされているのである。(4)

二〇〇六年、「世界がもし一〇〇人の村だったら」シリーズの番組で、ガーナのカカオ農園で働かされる幼い兄弟の映像がテレビ放映された。今は YouTube の動画サイトなどでそれを参照できるようになっているし、フジテレビのＨＰのサイト内検索でそのシリーズの番組の概要を知ることができる（http://www.fujitv.co.jp/ichioshi06/060603sekai/m_kid2.html）。

番組では世界各地の児童労働の実態が幾つも紹介されているが、カカオ栽培についてはガーナの農園で働かされる11歳と6歳の兄弟の生活が紹介されている。この番組の録画ビデオを授業で流してみると、11歳の少年が「学校へ行って勉強がしたい。せめて弟のコフィだけは学校へ行かせてあげたい」と呟いて涙を流す場面が多くの大学生に一番大きな印象を与えるようである。

この兄弟は日の出から日没まで働き続ける毎日であるが、カカオ生産が盛んなナイジェリア、カメルーン、コートジボワールでも同様な幼児労働が行なわれている。とりわけコートジボワールに至っては一層あからさまな幼児奴隷労働が行なわれており、彼らが世界の安価なカカオ生産を支えている。GNI指標でこの国の経済を評価すれば、投資総額の急増などからコートジボワールは「アフリカでトップクラスの優等生」ということになるが、利益を享受するのは上位五％の独裁的支配層と、ごく少数の白人企業家だけである。9歳～14歳の子供が人生に何の希望もなく10～20時間働き、皮膚病に至る農薬や他の有害な化学製品にさらされながら暮らしている。(5)

アメリカの代表的な奴隷解放運動団体 American Anti-Slavery Group の「*iAbolish*」の情報では、世界的な生産過剰と市場規制緩和による価格暴落のために最近になってコートジボワール一帯のカカオ農民が壊滅的打撃を受けるに至った事情が紹介され、そのために強制労

働や不払い労働が急増した情勢が紹介されている。(6)

　幼子を連れてマリからコートジボワールのカカオ農園に季節労働者としてやってきたある若者が、契約通りに何ヵ月もカカオ栽培に汗を流しながら、いざ収穫が終わってカカオが売れてしまうと、農園主は一銭も賃金を支払わずに雲隠れしたという例や、「高給保障」の宣伝にごまかされてプランテーションに奴隷として送り込まれてしまった事例など、数多くのケースがある。ムチ打ちや脅迫による奴隷化もよくみられるケースである。価格暴落の嵐の中、中小規模の農園ではどうにか利益を保つためにできるだけ安い労働力を得ようと、子供の奴隷を使うことになる。その要望をかぎつけて、人身売買業者、奴隷仲買人が跋扈《ばっこ》する。一人あたり十五ドル、高くても三〇ドルていどで村の子どもたちを買い集め、遠く離れたカカオ豆の農場に子供を売り飛ばしてしまう。子供たちは、ただ同然の低賃金や無給のまま重労働を課せられ、世界の最底辺、現代の奴隷制度の中に埋め込まれてゆくのである。

　ジョン・ロビンズの *The Food Revolution : Is There Slavery In Your Chocolate ?*(7) は以下のように、更により詳細にカカオ奴隷労働の現状を論じている。

　世界の供給の四三％を提供するコートジボワールでは、六〇万にも達するカカオ農場が同国経済の三分の一を支えている。二〇〇〇年にイギリスのＢＢＣが調査を行ない、そのコートジボワールのカカオ園には何十万人もの子供たちが雀の涙ほどの値段で両親から買い取られて奴隷として売られている実情を伝えた。子供たちはマリやブルキナファソ、トーゴ出身者が多い。何の知識もない両親たちは、子供たちがコートジボワールへ行けば、少しはまともな職にありついてやがては送金をしてくれるようになると信じ込まされている。

実際には子供たち（通常は12歳～14歳、時にはもっと年少の幼い児童もいる）は、一週につき80時間から100時間まで、厳しい手作業を強要されこき使われている。かろうじてわずかな食費が出るていどで、しょっちゅう叩かれ、脅され、逃げようとでもすればこっぴどい折檻を受ける。逃げようとするならば、拷問に近い仕打ちまで課せられることもある。ほとんどの子供たちは、プランテーションに送り込まれれば、その後家族と会うことは二度とない場合が多いという。昔の欧米の奴隷主は自分の財産を示すためにさまざまな文書に奴隷のことを書きとめることもあったが、現代のアフリカの子供奴隷については文書らしき文書はほとんど残されない。使い捨てにされ死んでいった子供のことなど、誰も何も分からないのである。子供たちは、賃金を支払われず、暴力や脅しによって働かされつづけ、死ぬまで奴隷にされる、という三つの「遺産」を先祖から受け継いで一生を終わることもある。そして、誰でも知っている通り、子供は栄養失調で体が骸骨のように痩せ細っているというのが「当たり前の風景」である。こうした過酷なケースが大部分とはいえないまでも、以上のような極端な事例も含まれてチョコレートやココアが日本をはじめとした先進諸国に送られていることは知っておく必要があるだろう。

無論、「ハーキン・エンゲル議定書」以来の各方面の動きを受けて、事態改善の試みもある。幼児奴隷労働を禁止する協定や奴隷輸送を排除するための法規や取り決めが整備されはじめており、より適切な環境がもたらされるよう The International Cocoa Initiative など関連組織が動き出している。この運動に参加しているのは世界ココア連盟と世界中のチョコレート、ビスケット製菓会社である。南米ボリビアではアルトベニ地方で、フェアトレードのカカオ生産者が仲買人を排して協同組合形式の「エルセイボ運動」という活動に取り組んでいる。世界中で多くのNGOやボランティア組織がチョコレートのフェアトレードに一つの焦点を当てていることは、やがて大きな意識変化と現状改革のうねりを生みだす可能性もある。世界貿易の一〇％がフェアトレードで行なわれるようになれば、事態は急速に改善に向かうといわれているのである。

ただし、それにしても、アメリカのチョコレート産業は一三〇億ドル規模といわれる。それがたった二つの会社、ハーシー社とM＆Mマスターフーズによって大部分独占されている。市場の三分の二をコントロールしているという報告もある。年間カカオ貿易については八三％を、たった三社のアメリカ企業が行なっているともみられている。最近では五〇〇億ドル近い売上高をほこるカーギル社なども五〇〇〇万ドル程度の投資を行ない、象牙海岸周辺に工場進出を展開しているが、その経済進出が地元の多くの子供たちに経済発展の果実を与えている様子はない。これらの企業がせめて一、二億ドルていどの基金を児童労働改善のために毎年積み上げれば、子供が売られて奴隷にされるような事態はすぐにでもなくなる。これら会社が、チョコレートだけで年間六万二〇〇〇キログラムといわれるアメリカ国内で販売する過剰な製品の量を節減する経営方針を選択すれば、多くのアメリカ人のお腹の周りについているチョコレート菓子のための余分な脂肪も随分と減ることであろうし、カカオ農園の子供たちも大いに助かることになる。やがてはそうした子供たちに余裕ができれば、チョコレート企業にとっても利益が増えるという道がみえてくる筈である。ハーシーやネスレなど大手の会社は「児童労働のことを心配している」とか「実際に農園の労働を監視するのは非常に困難」といったアナウンスを何度もしながら、なかなか抜本的な改善策に着手してこなかったといわれている。しかし Clif Bar, Cloud Nine, Dagoba Organic Chocolate, Denman Island Chocolate, Gardners Candies, Green and Black's, Kailua Candy Company, Koppers Chocolate, Burdick Chocolates, Montezuma's Chocolates, Newman's Own Organics, Omanhene Cocoa Bean Company, Rapunzel Pure Organics, The Endangered Species Chocolate Company など他の幾つもの会社はそうした巨大企業よりも率先して既に一九九〇年代初頭から実効性のある選択をしている。Rapunzel 社などはエコ取引（フェアトレードと生態学）と呼ばれる「手に手をつなぐプログラム」を始めたりしている。世界市場を支配する大手企業の決断と工夫がもっと望まれてよいのは明らかだろう。

なお、カカオ産地に対して化学肥料の提供や新品種の紹介といった形で援助を行なう企業もあるが、そうした援助は結局、地力の減退や森林破壊、水質汚染、健康被害に帰結することも多く、環境への配慮や地域特性に密着した方式を見落とした援助はむしろ荒廃や貧困を増幅してしまう。残念ながら、日本による農薬援助も劇薬在庫処分の一面がある。(8) 先進国で禁止されている最も危険な農薬十二種類のうちの九種類を含めた三十数種が途上国のカカオ農民やタバコ栽培者を蝕んでおり、世界中で毎年二五〇〇万人もの人たちが農薬中毒に陥っていると推定されている。「援助」の名のもとに、先進国で使用が禁止されて在庫のふくらんだ旧製品の肥料や農薬、除草剤を途上国に送るような狡猾な対策は、厳しく監視され処罰される必要があるだろう。この点に関わっては、二〇〇三年八月、インドのケララ州のコカ・コーラとペプシコーラの工場で高濃度の鉛とカドミウムを含んだ排出汚泥が「無料農薬」として周辺農民に配られ、〇五年になって両社の工場が閉鎖に追い込まれた騒動が思い起こされる。この一事件からだけでも、巨大な利益を上げる世界企業の経営の実態が垣間見えよう。

（2）コーヒーの中の涙

筆者が大学生の頃、町角にはしゃれた喫茶店が幾つもあった。学生街にはクラシック喫茶やジャズ喫茶もあり、何時間でも過ごすことができた。昼間でも若者で満席、店主や店員との長話《ながばなし》も少なくはなかった、今そうした喫茶店よりずっと元気が良いのは、外資系のファストフード店やコーヒーチェーン店、そして缶コーヒーである。いずれも安くて、楽しげで派手なコマーシャルと結びついて私たちの生活の中にいつの間にかなじんでいる。

コーヒーの豆を、一体どこで誰がどんな風に作っているのか、といったことに思いを馳せると、その「元気の源《みなもと》」に、児童労働の問題が大きな関わりをもっていることがみえてくるが、まずは躍進をつづけて日本でも大きく業績を上げているコーヒー・チェーン店の問題点についてふれておく。

現在コーヒー業界の最大手はスターバックスといわれる。日本では、英会話学校の外国人講師に無料試飲券を配ってテラス形式の洒落た店構えに外国人客を多数呼び込み、独特でオシャレな雰囲気を打ち出すなど独自の経営戦略で店舗を広げていった。アメリカやカナダでは、主要都市の至る所にスターバックスのチェーン店がある。経営努力の冴えた企業である。

そのスターバックス躍進の理由はもう一つある。安価でおいしいコーヒーを提供してくれることである。「職人技の丹精籠めた上質コーヒーの提供」を看板にしていた同社であるが、実は使われているのは安物コーヒーで特に生産コストは超激安というのが実像、ともいわれる。現在、商業的コーヒー農園で働く労働者のうち七%から十二%は子供と見積もられている。ホンジュラスでは農繁期には二〇%〜四〇%、ケニアなどでは児童労働が六〇%に達する農園もある。問題は、コーヒー生産の児童労働が奴隷労働といわざるをえない実体ももっていることである。(9)

スターバックスなどに大量に買い付けられるコーヒー豆が「安価」とはいっても、エチオピア産のスペシャリティコーヒー豆はアメリカでは一ポンド当たり二五ドルで小売りされているが、エチオピアの貧しい農家は一ポンド当たり一ドル以下で元の豆を売らされている。三〇〜五九セントで買い叩かれた例もある。当然、国際市場における自立的立場や国内コーヒー農家の育成・収益増を目ざして、エチオピア政府は Sidamo、Harar、Yirgacheffe など同国産の有名なコーヒーの名称について、アメリカでの商標登録申請を要望した。豆の小売価格に含まれる「商標権使用料」をエチオピアの生産者に支払うことによって、国内農民の貧困緩和を図るというプランも提示した。しかし、これも当然ながら全米コーヒー協会（NCA）は異議を申し立て、米国特許商標庁（USPTO）は二〇〇六年八月、エチオピアの申請を却下。この動きについては「Make Trade Fair」などフェアトレード推進運動にたずさわっているイギリスのNGOオックスファム（Oxfam UK）の調査で、背後には大手スターバックスなどの圧力があったことが指摘された。同社のコーヒー豆調達担当者は、「スターバックスはエチオピアのコーヒーに関する商標権を認めないが、別に登録申請そのものに反対するわけではない。エチオピア産コーヒーの需要拡大には努めるつもりである」と述べた。すこぶる曖昧な答弁で、日本などに対して自国製品の買い付けに関しては数値目標や厳格な期限遵守を何かと求めているアメリカの企業としては、矛盾した身勝手な対応といえる。

商標登録によるエチオピア農家の増収は年間八八〇〇万ドルにのぼると推定されている。その増収分を長年にわたってスターバックスなどアメリカ企業が吸い取っていたといえるわけで、本来なら誠意を示して、せめて幾許《いくばく》かの補償が考えられてもよい筈の問題である。しかもスターバックスの売り上げはおよそ八〇億ドル。エチオピアの国内総生産全体の四分の三を一社で稼いでいるという計算になる。社員何千人かの企業が莫大な利益を独り占めして、その企業に原料を提供しているコーヒー関連の一五〇〇万人のエチオピア農民が困窮しつづけてきたのである。生産者とメーカーが仲間・友人・同業者として付き合いをつづけるのなら、八八〇〇万ドルでなく、せめて八億ドルていどの金額が保証されるのが妥当なところではないだろうか。スターバックスがエチオピア・コーヒーの商標権使用料支払い契約締結に合意したのは、ようやく、二〇〇七年六月に至ってからのことである。楽しげな開店一〇周年記念キャンペーンや、「スターバックスではフェアトレード・コーヒーも率先して提供しています」といった店頭の広告しか普段は目にすることがない日本人としては、是非とも留意しておきたい問題といえるだろう（二〇〇〇年一〇月にスターバックスはフェアトレード豆コーヒーを二三〇〇の店舗に導入していたが、それは単なる企業イメージ改善のパフォーマンスだったのであろうか？）。生産国の政府、農民やNGOや労働組合、宗教関係者から何度も何度も抗議や警告を受けてからやっと重い腰を上げ、長きにわたって訴訟沙汰となってその挙句にようやく経営改善をはかるというのは、親しまれる企業のとるような立場ではない。「社内においては環境基準・労働基準を無視、組合もなく全ては会社の支持・統括によって行なわれる」という調査報告もあることをみれば、なおさらということになろう。ちなみに、先進国の寡占的コーヒー企業の重役たちが手にしている収入は、以下の通りである。[10]

シカゴに拠点を置くサラ・リー社のCEOジョン・H・ブライアンの二〇〇〇年度の給与は、四五五一万二一一三ドル。同社は、毎年アメリカ合衆国の一〇万以上のレストランに、二億ポンド以上のコーヒーを供給する大手企業である。同年、スターバックスCEOオーリン・C・スミスは一三八七万三五七五ドル。ストック・オプション（会社の経営者・従業員などが、将来一定の価格で一定の期間内に自社株を買う権利）の行使で、彼には他にも一二八四万七九二五ドルの収入があったといわれ、ストック・オプション保留分として三三〇〇万ドルを確保しているともいわれる。マックスウェルコーヒーCEOの収入はさらに巨額とのことである。

プロクター&ギャンブルが所有するフォルガー社CEOデューク・I・イェーガーの給与報酬は三二八二万八二七六ドル、それ以外のストック・オプション保有分も一〇〇〇万ドル以上である。

さて、それではコーヒー豆生産地で子供の状況はどうなっているであろう。

世界の半分近くのカカオを生産することに加えて、象牙海岸はロブスタコーヒー生産で世界第四位の栽培地域である。このロブスタコーヒーはエスプレッソやインスタントコーヒーとして私たちの暮らしの中に入ってくる。よりまろやかなアラビカ種の豆などをブレンドすれば、飲みやすいコーヒーとなって人気商品も生まれる。

コーヒーとカカオは同じ農地で育てられることも多いが、高いカカオの木は、より低いコーヒー樹の茂みを覆うことになる。コートジボワールのカカオ農園では、背の低い小さな幼児がカカオ樹の陰で、自分の手の届く位置の枝に背伸びをして手を伸ばし、コーヒー豆をせっせと集めている。農薬（先進国から売りつけられたり「慈善」によって送られたもの）の毒にさらされ、蛇や虫に手足を嚙まれ、農具や木の枝で体に傷の絶えることがない状況で暑い日差しの中、一日中重労働がつづく。熱帯、亜熱帯の炎天下で日射病や皮膚癌になる子供も少なくはない。防護服など支給されるはずのないことは、すでにカカオの項目でみた通りである。筋肉障害や流行病への罹患率も、大人よりもずっと高く、平均寿命は驚くほど短い。そして、こうした悪状況の中で働かされる子供たちには、必ず、差別と虐待の問題がついてまわる。ちなみに、COVERCOという組織のグァテマラにおける調査によれば、インタビューを行なった調査対象者のうち、十八％の子供は手ひどい虐待を受けたことがあると答えたという。「知らぬ大人と話はするな」「親にも余計なことを言うな」と脅されるのが当たり前な農園なのであるから、実際にはもっと多くの子供たちが差別や虐待の犠牲となっているはずである。子供と同じように女性差別もはなはだしい地域が多く、法定最低賃金が一日二ドル六〇セントと定められているにも拘わらず女性や少女が受け取るのは高々一ドル三〇セント、時にはわずか八七セントというケースもあることが知られている。ILOの調査では、コーヒー園における「最悪の労働形態」が最も深刻なのはタンザニアであるとされているが、実態の全貌は分からない(11)。

子供たちによって集められた七〇〇〇トン以上の象牙海岸産コーヒーがアメリカに毎年輸出されている。児童奴隷が摘み取ったコーヒー豆が、まともな賃金で生産された豆に混ぜて売られるのは、カカオの場合と同様である。コーヒー企業の経営陣は「農場で子供や奴隷の利用はあるかも知れないが、労働問題は自分たちの関知することではない」という立場を長く示してきている。「他の国で何が起こっているか、そんなことはコーヒー会社の責任じゃありませんよ」というのが全米コーヒー協会のグレイ・ゴールドスタインの見解であり、ネスレ、マックスウェル、フォルガーといったお馴染み企業が主張してきたことである。しかも元々のコーヒー豆の調達源については、情報開示はほとんど行なわれてはこなかった。

チョコレートもコーヒーも、アメリカ人が世界最大の消費者である。意外なことに、コーヒーは石油に次いでアメリカが最も多くの量を輸入している商品である。そのアメリカ人が例えばフォルガー社のコーヒーを飲む場合、テキサス州ヒューストンに荷揚げされた豆を使っている。そしてヒューストンにはコートジボワールからコーヒー豆が送られてきている。二〇〇一年三月十八日に運ばれたコートジボワール産のコーヒー豆は三三七トンである。

かつて世界のコーヒー経済の規模が三〇〇億ドルの規模であったころ、生産農家は一二〇億ドル（四〇パーセント）を受け取ることができたが、今に至って五〇〇億ドルのうち八〇億ドル（十六パーセント）という水準に下がっている。豆は買い叩かれるようになったのである。こうした事態が帰結した「最善」のケースが搾取工場であり、最悪のケースが奴隷制である。ネスレがもたらしたのは「最善のケース」であった。コートジボワールに二つの工場を経営するネスレは、同学歴・同資格の現地従業員に対し、ヨーロッパ系従業員より極端に少ない給与を支払うという「金銭的アパルトヘイト」を採用、この処遇は一九九九年に訴訟問題となっている。[12]

フェアトレードでコーヒーやカカオを買えば、働き手の健康管理や教育への配慮、環境への責務、コミュニティ開発や地域経済自立に多くのお金が回る。二〇〇五年に七〇〇億ドルの利益を上げたネスレ社一社がフェアトレードに率先して本格的に取り組めば、たとえ利益が半減したとしても同社は十分に立派な世界企業として存続してゆけるはずである。また、まとまった金額の支援でなくとも、現在一ポンドあたり六〇～九〇セントしか支払われていない買い付け価格を一ドル二九セントにすればまずはコーヒー栽培者の生活が成り立つステップになる、との試算がある。その場合、コーヒー会社は「仕入れ値が倍になるのだから店頭価格や小売価格は高騰して消費者の負担が増えますよ」とでも言うかもしれないが、右の「七〇〇億ドルの利益」という数値から単純計算をすれば、価格据え置きでもネスレ社は年間三五〇億ドルという国家予算並みの利益を得るのである。[13]

先進国では缶コーヒーをみれば分かる通り、コーヒーもチョコレートも清涼飲料も随分安くなった。ありがたいことではある。しかし、それはまさに「有り難い」ことでもあり、「あってよいはずのない」過酷な児童労働と結びつくものでもある。世界企業は豊富な資金と巨大なチェーンストア形式で膨大な量の原料を買い付け、何千万人もの生産者の事情などお構いなしにグローバルな流通システムを設計し押し付けてきた。エチオピア産のスペシャリティコーヒー豆が安値で買い叩かれている点については既に述べたが、ケニアでもコーヒー生産者が稼ぐのは月々十二ドルていど、法定最低賃金はその三倍ないし四倍である。生産地においてコーヒー収穫期の前になるとネスレ社が大きな看板を掲げ、その期の買い付け価格を一方的に表示しているが、その看板の周辺では朝から晩まで子供たちが働き、その日暮らしをするという光景が広がっている。ネスレ社ではCEOをはじめ重役たちは有り余るお金をストックオプションや金融取引に投資して、毎年さらに何千万ドルというお金を溜め込んでいる。大きなお金を儲けることは何ら非難されるべきことでないのはもちろんであるが、その儲け方の基底に何十万人もの子供たちの汗と涙があり、その状況を当の世界企業が作り出した一面があるというのであれば、すずしい顔で「そんなことはコーヒー会社の責任じゃありませんよ」と言い切り、「金銭的アパルトヘイト」で問題になるというのは、オシャレで小奇麗な店舗のイメージや製品の楽しげなCMの世界とは全く矛盾したものであろう。昨今「元気な」大手コーヒー産業の効率と規模の経済の追求は、多くの子供たちに問題を押し付けた形で成り立っているのである。(14)

（3）砂糖のアリ地獄

砂糖は、カカオやコーヒー、タバコ、綿花など他の世界市場向け商品作物の先例となって奴隷制プランテーションの雛形《ひながた》を近代世界システムの中に定着させたもっとも重要な商品である。商品史の観点からみて、砂糖の支配が社会的権力の形成や拡大と強固に結びつき、そして今なお奴隷労働と結びついていることは、人類の経済史展開の中でももっとも注目すべき事項の一つといえる(15)。

奴隷制砂糖栽培の震源地となり砂糖栽培のメッカとなったのは、十七世紀以後の西インド諸島である。西インドは今は島々によっては国際的なリゾート観光のメッカとして、欧米観光客の人気が高い「海の楽園」であるが、しかし、その「楽園」の大部分は極貧と差別の蓄積した暗黒地帯でもある。

二〇〇七年五月フランスでパリ市当局とアムネスティ・インターナショナルが後援し、「楽園の奴隷：ドミニカ共和国における現代奴隷制 Esclaves au Paradis : L'esclavage contemporain en Republique Dominicaine」という少々センセーショナルなタイトルの催しが開かれた。ドミニカ共和国内の砂糖農園で働くハイチ島民の現状を伝える写真や映画が展示・上映され大きな関心を集めたようである。ドミニカ、ハイチ両島民の対立・確執の歴史は長く、ドミニカ共和国内ではハイチ人とその子孫に対する差別や虐待が広く存在すると国連の人権関連の特別報告官が告発している。ドミニカは白人・混血人口が九割近くを占め、白人特権層の多くは欧米食品企業と提携して砂糖プランテーションの経営に携わっている。

一方のハイチの人口は九五％が黒人でそのうちの八割が貧困状態にあり、およそ八〇万人から一〇〇万人がドミニカへ出稼ぎや奉公に出かけている。国際的な幾つかの人権団体が、その出稼ぎ人・奉公人の労働の実態や処遇は人道に反するものとして告発、それに対してドミニカ政府は大量のハイチ移民のドミニカへの流入は、元々は長年にわたるハイチ国内の流血と混乱が原因だとして、ハイチ人対策改善への姿勢は全くみせてはいない。右のイベントは、そうしたドミニカ政府に対する国際社会からの抗議の声でもあった。「楽園の奴隷」のイベントでは、ドキュメンタリー・カメラマンや教会関係者、人類学者、歴史家などが展示会や討論会を開催、「もし搾取され虐待されている人たちがいるなら、いつでも私たちは声をあげる必要がある」との声明を出し、「ここに展示された映像の背景に、この二〇〇年間のハイチとドミニカの愛と憎しみの歴史のあることを読み取らねばならない」との意見を表明した。ドミニカによるハイチ人虐殺の歴史や逃亡奴隷の証言、二〇〇五年以来のハイチ人追放政策実施以後の虐待の深刻化などの事例も多数取りあげられた[16]。

右には「出稼ぎ人・奉公人」と書いたが、その中にはハイチ国内で売られたり誘拐されてドミニカの砂糖園に連れてこられる子供もある。毎日14時間、熱帯カリブの灼熱の下でちくちくと指や掌を傷つけるサトウキビの栽培に没頭しなければならない。手指の切断や大きな裂傷も、ままあることという。夜には労働者はキャンプ（bateys）にある小さく不潔なバ

写真３-２　砂糖プランテーションでの児童労働

図版は，アメリカ合衆国ルイジアナ州の砂糖園（1873年～74年）の情景を描いたもの。1863年の奴隷解放令発布以後の情景であるが，働く黒人の子供たちの傍らで帽子を被った白人の子供たちが遊んでいるのが分かる。ルイジアナだけに限らず，アメリカ南部諸州では南北戦争後の再建期の民主化に失敗，その後も100年後の公民権運動の時代まで，徹底した人種差別社会が展開した。公民権運動は数多くの大きな成果を生んだが，指導者であったキング牧師暗殺以後，南部出身の政治家や企業家は政権の中枢部にも入り込んでグローバル化政策を推進するに至っている。南部出身の政治家・企業家の多くはもちろん良心的な「ジェントルマン」（南部人をさしてよく用いられる表現）であろうが，奴隷制時代の伝統や図版に描かれたような時代の情景を「当たり前」と考えて行動するような政治家・企業家がいるとすれば，世界に対するその影響はきわめて大きいと考えた方がよい。

アメリカでさえこうした状況であったことを思えば，貧しい途上国の砂糖園での子供の境遇がどのようなものになるか，自ずと推察が及ぶはずである。

Jerome S. Handler and Michael L. Tuite Jr., *The Atlantic Slave Trade and Slave Life in the Americas: A Visual Record*: http://hitchcock.itc.virginia.edu/Slavery/search.html

ラック小屋に戻る。医療設備などあるはずもなく、水道も電気もない。賃金は稀には支払われるが、日本の筑豊炭田での場合と同様に雇い主に決められた売店で理不尽な額のお金を払って必需品を買い求めるよう強制されているため、わずかなお金もすぐに消える仕組みとなっている。子供たちが働くのは、ただ次の日もどうにか生き延びるためである。施しを受けるような形でその日暮らしのわずかな小銭を求める子供たちには、自ずと差別がつきまとう。こうした苦境は、ドミニカのハイチ人だけでなく、フィリピンやブラジルなど他の砂糖産地でも稀なことではない。特に一九八〇年代に先進諸国でダイエット志向のブームが起こり、低カロリー甘味料が開発されて以後砂糖価格暴落には拍車がかかり、途上国砂糖農民の困窮は倍加した。グローバル化の蜘蛛の巣の中でいったん砂糖プランテーションに送り込まれれば、そこには極貧と差別に至るアリ地獄が口をあけて待っているのである。

そのアリ地獄を掘りつづけているのは、不安定な政権交替の動乱の中で土地の占有を保ってきた支配層や傀儡《かいらい》特権層の農園主たちであるが、カリブ地域の砂糖経済を国内改革だけではどうにもならない世界市場に結びつけたのはセオドア・ルーズヴェルト以来のアメリカの対中南米軍事・企業戦略である。それ以来、子供たちのつくった砂糖はほとんどがアメリカに買い取られることになっている。ドミニカの農産物輸出の四分の三は砂糖で、アメリカはその最大のお得意先、およそ一八〇万トンを毎年ドミニカから輸入している。平均的なアメリカ人は毎年一七〇ポンドの砂糖を平らげるといわれるが、その砂糖の少なくとも十五％以上はドミニカ産のものである。[17]

希望はあるだろうか？　ボリビアのカカオ園でみた「エルセイボ運動」と同様な運動がフィリピンの砂糖農民たちの支援のために行なわれている。地元産マスコバド黒砂糖のフェアトレードによる貿易の推進である。中南米やアジアの砂糖産地の子供たちの実情がまずは広く知られた上で、そうした運動が広まることに注目が集まっている。

（4）フロリダ移民とモモ栽培

昔から「おいしいもの」とされた代表的な果物にモモがある。モモに関しては、わが国の桃太郎伝説や中国の桃源郷の逸話をはじめとして世界中で様々な民間伝承や神話・伝説が数多く残されており、どの地域、いつの時代にも重宝されてきた果物であったことが分かる。[18]当然、需要は多い。

そのモモが今は先進国アメリカで移民労働者の子供たちの苦役によって栽培されている。農薬による健康被害などの報告が多い作物である。カリフォルニアにおけるレストランやファストフード店向けのタマネギ、ニンニク栽培と並んで、フロリダにおけるモモは、現代アメリカ国内の農業部門において最も問題の多いセクターといわれている。フロリダというのは、いわゆるサンベルトの気候温暖な地で観光産業が栄え、ウォルト・ディズニー・ワールド・リゾートやユニバーサル・オーランド・リゾート、シー・ワールド・オブ・フロリダなどに世界中から年間六〇〇〇万人もの観光客を呼び込んでいるが、政治的にはテキサスやアリゾナなどの旧南部諸州と並んで最も問題を多く抱えた州で、有色人種やヒスパニック系住民への人種差別や投票妨害などが頻繁に物議をかもす州でもある。不法入国移民の多くが、その問題多きフロリダの問題多きモモ畑で、絶望と貧困の中に暮らしている。モモだけでなく、トマト栽培などにおいても人身売買や奴隷労働が今なお盛んなことが指摘され、二〇〇八年四月には上院公聴会で重大な問題として取り上げられている。例えばフロリダ州イモカリーのトマト畑では法定最低賃金をはるかに下回る給与しか支給されず、労働者たちは十四・五キロのトマトを収穫しても四五セントしか受け取ることができない。そうした搾取的な低賃金でコストダウンされたトマトがバーガーキングなどのファストフードのチェーン店に大量に納品され、そして過剰摂取の肥満文化をつくってゆくことになる訳である。[19]

こうしたトマト栽培やモモ栽培の仕組みの中で、労務者調達を請け負う怪しげな悪徳業者が、立場の弱い不法移民を債務地獄の中に引きずり込むというのがよくみられるケースである。悪徳業者たちは食べ物の提供と身柄保護を口実に、不当につり上げた諸経費を移民たちに請求して、労働提供の形で返済を要求する。多くの子供たちもその債務地獄の中で「アメリカン・ドリーム」を夢見ることさえできない状況の中に追い込まれ、早朝から夜遅くまで働かされている。そうした驚くべきアメリカ国内の「南北問題」をCNNやCBSニュースが大々的に報道したにも拘わらず、貧しい移民の不法入国は絶えることがなく、問題は傷口を拡げている。ヒスパニック系移民はアメリカ最大のマジョリティになり、人種差別的な排撃運動やいやがらせも増えつづけている。一九九八年には「サウスカロライナ州でも二八人の年季奉公人 servant が解放された」というニュースが報じられており、アメリカ国内の農業労働者の実情をもっと詳しく調査すれば、さらに驚くような実態がみえてくることになる筈である。農場労動者オポチュニティー・プログラム協会（AFOP）は「モモ栽培は強制労働が未だにあからさまに行なわれている農業分野であり、全く整備されていない労働者保護法の改善が至急に望まれる」との見解を述べている。カリフォルニアでヒスパニック系移民の子供救済活動のボランティアたちがラジオ番組を通じて、子供たちの就学機会の拡充や生活保護を訴える運動をするなど、アメリカ国内で移民の子供たちの苦境を改めようという動きは出はじめてもいるが、流入移民の数は増える一方で、アメリカ国内の格差社会の進展も絡んで事態が抜本的な改善の方向に向かうことはあまり期待されていない。モモを捥《も》ぐフロリダの子供たちの苦境も、今後さらにつづくものと思われるのである。[20]

（5）バナナからみえる世界

バナナも問題の多い「おいしいもの」である。ほんの数社の農業関連の巨大多国籍企業とひと握りの大農園主だけがバナナで肥え太る世界的構造があることを見抜いて、バナナと途上国の貧困と日本人の生活基盤の脆弱さの一体的な関連を見事に描ききった『バナナと日本人』（岩波新書）を著した鶴見良行氏に次のような発言がある。

「バナナという熱帯作物について、最大の問題は、農園労働者と小地主のあまりにもむごたらしい搾取のされ方であり、輸出市場を四大企業が握っていることだ。農園労働者と小地主が団結すれぱ、大企業に対抗する力は強まるだろう。

こうした問題について、消費者である日本市民は、どう対処したらよいのか。バナナなんて、今日の贅沢な食生活では、とるに足らぬ食品である。だがその学習は、今まで見えなかった世界の仕組みの一端を照らしてくれる。」（『朝日新聞』一九八二年一月一八日付け夕刊）

鶴見氏が対象としたのは主にアジア地域であったが、本書では中南米のバナナと児童労働についてみてみる。(21) バナナなどの単一作物を栽培し、植民地支配を受ける中南米の途上国はかねてから軽蔑的に「バナナ共和国 Banana Republic」と通称されてきた。以下のことを知れば、蔑称は蔑みを伴った搾取の実情を、今も反映していることが分かるはずである。

中南米のバナナ園で子供を酷使している事例がよく知られているのはエクアドルである。同国最高水準の灌漑システムを誇り三〇〇〇エーカーの広さをもつロスアラモス・プランテーションを取りあげてみると、そこではおよそ一三〇〇人が「ボニータ・ブランド」のキャベンディッシュ・バナナの栽培に従事している。オーナーは資産一〇億ドル以上といわれるエクアドル随一の大富豪、名うての美食家として知られるアルヴァーロ・ノボア元大統領。「貧者の友、ポピュリスト」としてのスタイルを強調する巧みな選挙作戦で国会議員となり、中央政界でも活躍する人物であるが、二〇〇三年選挙では先住民・貧困層の広い支持を得ているルシオ・グティエレスに大統領選で敗北した人物である。「ロスアラモスで働いてくれる人たちをとても愛しています」とは、ノボアが立候補を表明した際のインタビュー時の言葉である。

その一方では、かなり違った印象を感じさせるロスアラモスの多くの労働者や子供たちのインタビューが公表されている。その多くのインタビューの中に、10歳のエステバン・メネンゼが痩せ細ったひょろ長い腕をみせながら語った言葉もみられる。

「ぼくは放課後ここに来て一日中働くんだ。お父さんを助けてお金を稼ぐために、どうしても働かなくちゃいけないんだよ。」

このエステバンは防具も医療保障もなく、父に割り当てられた九六エーカーの農園で賃金なしで働いている。エステバンが給与を受け取れば、その分は父の給与から差し引かれることになる。デルモンテやドール、ウォルマートといったお馴染みのアメリカ企業が彼らのバナナを買い取り、毎年莫大な利益をあげる。ウォルマートのファミリーは、『フォーブス』誌の長者番付けで、世界の大富豪ベスト10の内の半分を占めることもある。二ドルから三ドルといった値段で買い付けられ、アメリカでは二五ドルで売られるバナナがあるが、実際に栽培して収穫したエクアドルの農場労働者が受け取るのは、一人当たりせいぜい十二セント。そうした条件の中、エクアドルでは何十万人もの5歳から14歳の子供たちが働いている。国際市場での価格競争のしわ寄せはそうした子供たちをいつも直撃する。比較的よく知られているこうしたエクアドルの状況は、むしろ中南米地域では「まし」な方であるという。コスタリカでは生育促進のための有害な農薬と洗浄効率化のための化学薬品が大量に使われ、白血病や先天的欠損症への罹患率は通常の人たちより二倍高くなっている。男性の場合は性的不能になる確立が二〇％高いという。

ＩＬＯの一九九九年の推計では、エクアドルのバナナ園で働く10歳から14歳の子供たちはおよそ六万九〇〇〇人、15歳から19歳の少年たちは三二万五〇〇〇人に達するだろうとされている。大人だと一日あたり六〇〇円ていどは稼げることもあるが、12、13歳の子供だと三〇〇円と半減する。

ロスアラモスのバナナ農園に関しては、深刻な労働問題が大きな騒乱となり、アメリカの下院議員も出向いたりして改善への道が探られてきた。二〇〇二年七月一三日には大規模な労働者のデモが敢行され一二〇人以上が解雇され発砲による負傷者も出た。

この争議のあとシカゴに拠点を置く労働権擁護グループが、ボニータ・バナナの卸売業者Costcoに抗議をしはじめ、その圧力の下で、労働組合の結成は拒否されたものの医療環境の改善や、マスク、手袋、その他の用具を提供すること、そしてサービス残業賃金に対する不満を解決することが約束された。しかし賃金水準は本格的には改善されず、子供たちの生活はあまり楽になってはいない。世界銀行の調査では半数以上、五五％の児童が学校へは通えていない。

世界のバナナの八〇％はドール、チキータ、デルモンテというアメリカのビッグ・スリー企業が独占している。この三社が中南米、アフリカ、フィリピンの生産地を支配し、バナナの表面に日本でもお馴染みのラベルが貼られて私たちの食卓に届くのである。バナナを栽培する現地の人たちは、右にみた通りの低賃金で劣悪な労働環境に置かれ、毎日の生活もままならずに家族全員で終日厳しい労役をこなしている。三大会社を告発する雑誌記事や抗議も少なくはないが、雑誌社や抗議を行なった人たちが高額の賠償金を支払わされるような驚くべき不当判決の目立つのが現状である。

無論、国際ＮＧＯなどの圧力により、ビッグ・スリーも最近はようやく改善策を考慮しはじめている。デルモンテは一九九九年に環境に配慮したＩＳＯを取得、チキータは翌二〇〇〇年十一月から各種ＮＧＯと提携して「Better Banana Project」を立ち上げ、自然環境と労働環境の向上に二〇万ドル（たったの二〇万ドル）を投資すると決めた。ドールは二〇〇一年一月現在、利益の四分の一をオーガニック栽培のバナナに転換するとの姿勢を示したという。歓迎すべき動きではあるが、誰しも、「今までの姿勢や経営方針は一体何なのか？」「賠償や根本的な利益配分の見直しは誠実に考慮されているのだろうか？」といった思いを抱かざるを得ない点は残るだろう。チキータ社は、ＥＵがカリブ発展のために一九七五年ロメ協定以来採用してきた二〇％の優遇関税策を廃止させて中南米市場を牛耳るため、クリントン政権に五〇万ドルの献金を行なってＷＴＯでの訴訟に勝利したという。同社の「Better Banana Project」への拠出金はその献金の半分以下、しかもＥＵの保護政策撤廃でカリブ地域のバナナ園では二〇万人もの零細農家が職を失うと見積もられている。単なる企業のイメージアップ戦略ではなく、生産地農家の発展に配慮した誠意ある企業姿勢が問われて当然な問題

が、バナナ経済の中に典型的に現れているといえる。(22)

（6）ハンバーガー・コネクション

ある実験によると、9歳から12歳の頃に何度も口にする食品を人は最も好むようになる傾向があるという。日本人の場合、それに「みんなが食べているから」という同調志向が大きく影響して「好物」が決められることも多いという。

日本では大阪万国博覧会の年に第一号店が開店して以来、マクドナルド・ハンバーガーが全国に店舗を拡大していった。日本だけのことではなく、マクドナルドは今や「一日に五店開店」といわれるスピードと規模で世界中に支店を開店しているという。マクドナルドは世界最大の食品産業として、飲食店売上高の最上位を長年にわたって維持しつづけている。需要が増え、消費が爆発するのは当然、牛肉やトマトである。

ファミリーや友だち同士で気軽に安くハンバーガーが食べられるのは楽しく有難いことである。「マクド」がなくなれば、駅前商店街の雰囲気も何となくさみしくなるような気もする。時には食べたくなる味わいもある。ただし、その気軽で楽しい「マクドの世界」に次のような事実が関わっているとなると、少し深く考えをめぐらせた方が良いということになる。

アメリカの環境保護団体、レインフォレスト・アクション・ネットワークはアマゾン森林開発と食肉産業の関わる構造を「ハンバーガー・コネクション」と表現した。ケリー・クォーク事務局長は「ハンバーガー一個を食べるたびに約五平方メートルの森林が消えた計算だ」と語る。俄かには信じ難いことであるが、地球上でウシやヒツジなどの家畜の呼吸による二酸化炭素排出量は、地球温暖化の原因の十四％にも達しているという。ハンバーガー大量生産と森林消失の関連については、東京書籍の教科書でコメントされたり千葉保『日本はどこへ行く？』（太郎次郎社）、『買ってはいけない』シリーズ（『週刊金曜日』ブックレット）などかなり多くの本で取りあげられているため、広く知られていることではあるだろう。ある環境団体の試算ではマクドナルドのハンバーガーを一個食べると約九平方メートル、六畳一間分の熱帯雨林を滅ぼすことになるという。ビッグマックなら熱帯雨林を六畳二間分たいらげる計算になる(23)。

グローバル化進展の中でブラジル通貨の切り下げが行なわれ、また他の食肉輸出国での口蹄疫や狂牛病、鳥インフルエンザなどのため、ブラジルからの牛肉輸出は著しく成長した。一九九七年に二〇万トンほどであった輸出量は、二〇〇〇年には五〇〇万トン、二〇〇二年～二〇〇三年の間には一〇〇〇万トンを超え、二〇〇四年には一四〇〇万トンに達している（*United States Department of Agriculture*, Foreign Agricultural Service, 2004）。それに並行して一九九〇年代、アマゾンの森林伐採は急激に進展し、森林消失規模は一九九〇年に四一〇〇万五〇〇〇ヘクタールから二〇〇〇年には五八〇〇万七〇〇〇ヘクタールに及んだ。ポルトガルの国土面積の二倍である。九五年～九六年の時点で、牧草地は三三五七万九〇〇〇ヘクタールとなった(24)。

こうした広大な森林が急速に開拓される時、何が起こるか？

広域環境破壊と、先住民社会の徹底的破壊である。これは、実はカナダやアメリカを含めて、南北アメリカ両大陸で絶えることなく続いてきた「略奪と破壊のシステム」の伝統であるが、土地や森林の既得所有権が比較的固定化・安定化し、先住民社会が国家の片隅に押し込まれた現在においては少々みえにくいものとなっている。しかし現に、アマゾン奥地では今でも、先進諸国の「気軽で楽しげな」消費を満たすために、大規模環境破壊と先住民の受難が続いている。詳しくは別の論稿（池谷和信編著『地球環境史からの問い』岩波書店、二〇〇九年刊行予定）で述べるが、その事情の一端については、石弘之氏が「ここまできた地球環境の危機」と題したある講演で、次のように要諦を紹介している(25)。

「アマゾン最奥の地であるロンドニアは世界で最後まで熱帯林が残ると言われた、まったく未開の土地であったが、過去二〇年間で森林が八割減少した。ゴールド・ラッシュではなく、グリーン・ラッシュと言われるくらいめちゃくちゃに森林が伐採された。私はここに一九八四年の一年間インディオ達と一緒に暮らしていた。高価に売れるシタン、コクタンなどの大変緻密な真っ黒な熱帯の木材は、抜き切りされて残っていない。川にぽんと放り込んで下流でそれを拾って日本に持ってくる。そして仏壇や高級家具になる。世界には人跡未踏、人間の手のかかっていない自然は全くなくなったといえるだろう。最後の地はアマゾンと西アフリカのコンゴ、コンゴ川の上流地域だろうが、人手の加わっていないところはもうないだろう。

アマゾンでは熱帯林が盛大に焼かれている。去年（一九九七年）は北海道以上の面積が焼けてしまった。ＷＷＦ（世界自然保護基金）のレポートによると去年は〝地球が燃えた年〟であるという。その理由は焼畑のための火付け、エルニーニョによる乾燥による拡大などの要因が重なったためだ。上空から見ると、ひどいときは、東京都の面積より広い森林が焼かれてしまったのが見える。この火災により、森林の奥に住んでいたインディオ達は追い出された。

彼らの追われた土地は大豆畑になっている。アマゾンでは大豆畑も猛烈な勢いで拡大している。二〇年前生産量はゼロであったのが、今では世界最大の生産地になった。大豆の殆どはその絞り粕を日本に飼料として輸出される。ブラジルには日系人が多く、彼らが中心となり大豆を作っている。」

アマゾンの森林破壊と日本との関連がよく読み取れる。日本とは製紙との関わりも強い。石氏はさらに続けて、「駆逐されるインディオ」との題目で次のように述べている。

「このようにジャングルに住んでいる人達は開拓によって追い出されて、苦境に追いやられている。アマゾンの土地はもともと国有地で、開発した人に土地の権利が与えられることになっていた。開発によってインディオ達が圧迫されることが分かって、十数年前に法律を作って、インディオが住んでいる土地は開発できないことになった。すると、インディオをいなくさせるために、インディオの集団殺戮が始まった。例えばサンパウロやリオ・デジャネイロの麻疹の子供の毛布を買い集めて空から撒いたり（インディオには麻疹などに対する免疫が全くないため、簡単にひどい被害に遭う）、子供が好みそうなお菓子に毒を仕込んで撒いたり、空から機銃掃射をしたり、ひどいところだとイタリアの旅行会社のように〝あなたも人を撃ってみませんか〟と呼びかけて人を撃って歩かせたりした。これはわずか二〇年前、一九七〇年代のことである。インディオの方は、これに対抗する術もなかった。追いやられたインディオの若い女性の殆どは、売春婦をしている。男達は門番や、大きな畑の使用人などの仕事をしている。社会学ではインフォーマル・セクター informal sector などと呼ぶが、そんな生やさしいものではない。

インディオの自殺率は凄まじい。私が住んでいた村の人口は二〇〇〇人ぐらいだが、一九八五年から九一、二年までの期間で一四〇～一五〇人が自殺している。殆どが若者で、自殺者の平均年齢は13歳から15歳ぐらいである。詳しくは自著『インディオ居留地』（朝日選書）を読んでいただきたい。

カナダのラブラドル地方にあるインディアンの村は六〇〇人の村だが、四分の一が自殺した。シベリア、リチクチの先住民の自殺率は、一般のロシア人の自殺率と比べて数百倍高いだろう。オーストラリアのアボリジニの自殺率も他のオーストラリア人と比べて百倍ぐらい高い。日本でも北海道のアイヌ人の自殺率が高い。統計はないが、他の日本人と比べて何倍も高いだろうと言われている。先住民の自殺率の高さは絶望を表しているのだろう。

アルコール中毒もひどい。先住民社会には例外なくアルコール中毒がある。純粋無垢で、勇敢なアフリカのトゥワ族（ピグミー族）もバナナ酒によってアルコール中毒に脅かされている。彼らは土地を追われ、乞食同様の生活を強いられている。」

読者はおそらく大きな驚きをもたれたはずであるが、近代における中南米侵略の歴史、カナダ、アメリカ開拓の歴史、オセアニア、アフリカ植民地化の歴史、そしてアジア支配の歴史には、多かれ少なかれ、石氏が述べているような苛烈な徹底した破壊や虐殺の事実が埋め込まれている。それは「影の部分」というものではなく、実際にはごく当たり前の基本的なトレンドとして認識されなくてはならない筈の史実なのであるが、欧米史観中心で成り立ってきた「自由と民主主義の近代」のイメージを強調する一面的な一種の進歩史観からは、通常は見えにくくされているだけのことなのである。

ともあれ先にみた通り、「一日に五店開店」といわれる勢いで安くて楽しげな店舗を広げるために、安価な牛肉を求めたアメリカのハンバーガー業界が中南米から牛肉を調達した結果、牧場拡大のために広大な熱帯雨林が失われてきた。ハンバーガーには大量の小麦も使うし野菜も使う。ブラジルだけではなく中南米の色々な国とアメリカのハンバーガーとの関わりを調べてみると、他にも様々な問題点が浮かびあがる。

ホンジュラス中央銀行によると、牛肉輸出は一九五〇年代後半から始まり、ピークの七九年には約三万トンに達し、バナナ、コーヒーに次ぐ輸出産品となった。そのほとんどがアメリカ向けだった。同国農牧省の家畜衛生局次長は「品質の悪いホンジュラス産はハンバーガーなどの加工向けに使われた」と証言。輸出業者に聞くと「米国の中小チェーンに売った」「米国の刑務所と学校での給食用ハンバーガー向けに卸した」と答えたという。無論、これに対してアメリカの大手ハンバーガーチェーンは「森林破壊につながる牛肉は輸入してない」と〝コネクション〟を強く否定してはいる。しかし、別のチェーン店は「同じ中南米のコスタリカからなら牛肉を調達したことがある」と認めてもいる。

ホンジュラスでは「バナナに代わる輸出産品を求めたのが問題の根源」とアルシデス・エルナンデス自治大学大学院学長がホンジュラスの二十世紀を振り返っている。八〇年代まで牛肉産業は繁栄し、大金持ちも生み出した。しかし「大企業が強制的に農民の土地を取り上げて牧場にしたため、多くの土地なし農民が発生し」結局は牛肉輸出はピーク時の六分の一にまで減少して更なる混乱を生み出している。国連食糧農業機関（FAO）などによると、木材輸出のための伐採に加え牧草地が急激に拡大したために、一九六二年に六八〇万ヘクタールあった森林面積は九〇年には四六〇万ヘクタールに減ったという。(26)

中南米先住民の子供たちの受難は、今は中国やアジア諸国の貧しい子供たちの苦境ともコネクトしたものとみることもできる。ディズニーのキャラクターグッズの項目で論及する搾取工場の存在が指摘されているからである。まさに、「マクドナルド化する社会とは、自由に安価に誰もが牛肉消費を享受できる楽しげな大衆消費社会であるが、しかしそれと同時に、その社会はすべてが規格化され、計算され、画一化される社会であり、生態・環境破壊の内破性に揺らぎ記号化されてゆく社会」である。(27)

マクドナルド本社は事実を認めてはいなかったが、マクドナルドの中国下請け工場で13歳の子供たちが苦役を押しつけられていた事実が発覚して国際的に問題となったことからも分かる通り、ハンバーガー・コネクションは今やグローバル化の中でアジアにも弊害を撒き散らしている。朝7時から夜10時、ときには11時まで、さらに遅いときには深夜2時まで働かされる子供がいたという。子供たちは事件発覚直後に解雇され、マクドナルド側は深圳・沙井の下請け工場との契約を打ち切った。まさに、「闇に葬る」という感じである。しかし、現地元NGOの調査で他の一〇件の同社下請け工場でも、同様に労働時間や最低賃金など、現地労働法に違反する事実のあることがつきとめられ、「安く作れれば何をしても良い」というマクドナルドの無神経な姿勢が批判されることになった。

13歳の子供たちに与えられる安賃金は、景品だけで年間一億二〇〇〇万ドルというマクドナルドの膨大な投資額とあまりにもかけ離れたものである。昨今、日本でも「店長、管理職とは名ばかりで残業代が全く支払われていない」として訴訟沙汰になったことは記憶に新しいが、途上国でのマクドナルドのコスト削減策はもっとひどい実情だということである。CSR（企業の社会的責任）が問われる昨今、大きな利益を上げている企業であればあるほど、大きな責任と誠意ある対応が求められる筈である。

マクドナルドの景品の袋詰めなど製造ラインに加わっていた児童約四〇〇人のうち大部分

は、広東省の高州市・根子鎮の出身である。この小さな村から、小中学校に通うはずの児童四〇〇人ちかくが駆り出されていた。ＩＬＯの統計では、10歳～14歳までの児童労働者は確認されただけで中国で実に九二二万四〇〇〇人（同年齢層の七・八％）といわれており、次に述べるような過酷な条件下で酷使される中国人の子供は、おそらくもっと膨大な数に達するものと考えられる。

背景には農村の貧困と周辺環境の未整備・汚染などが積み重なっている。中国奥地の貧しい村では、およそ五〇〇〇万人が一日一ドル以下で生活する絶対的貧困層ともいわれる。外国企業の進出に期待する中国政府は事件解明にそれほど積極的な姿勢は示さず、搾取工場の劣悪な環境もその背景に広がる農村の貧困も「社会主義市場経済」の中で取り残されたままである。石炭業、石材業での児童労働や人身売買問題も根深い問題を抱えたままといわれる。[28]

児童労働者の出身地の二四の村のうち、幾つかの村で小学校高学年の児童が、マクドナルドの景品製造に携わっていたことも判明している。ある小中学校の校内掲示版に「夏期の臨時工募集」の貼り紙が出されたのに応じ、一五〇名以上がバス三台に乗せられ深圳《しんせん》（Shēnzhèn：一九八〇年から経済特区として発展）の搾取工場に送り込まれたという。深圳・沙井の新城工場では、臨時工以外に常勤の同郷出身の児童労働者約三〇〇名、他郷出身者約一〇〇名が大人以上の過酷な条件で雇われ、先進国や中国の観光地のマクドナルドの店先に並ぶハローキティ、スヌーピー、クマのプーさんなどお馴染みの人気キャラクターの「おまけ」の製造に携わっていた。そこでは三〇〇平方フィートの部屋に児童十六人ずつがスシ詰めにされ、二段がさねの木のベッドにはマットもない。時給一・五人民元で一日15時間以上、休みは月に一日~二日のみであり、賃金のうちから寮費として月六〇人民元、一食当たり二人民元がさっぴかれていたという。法定の最低賃金は時給換算で一〇・五人民元であり、労働法違反の低水準であった。この事実が香港各紙やAP、CNNなどを通じて世界に公表された後、マクドナルドは新城工場を経営する香港企業、プレジャーテックとの契約を破棄した。先ほどの深圳・沙井の搾取工場の例と同じ、お決まりの責任回避の対応である。同社の他の地域にある中国下請け工場でもほとんどが、賃金水準や労働時間は現地の法定水準を下回っていたという。5歳のエドヴィン・アスペリンという男の子が、マクドナルドのハッピーセットについてくるおもちゃが中国の子供たちの酷使によって作られていると知って、「もう欲しくなくなった」といって友だちから集めたおもちゃ箱いっぱいのキティーちゃんやプーさん、スヌーピーをマクドナルドへ返そうと持っていったところ、店の入り口で追い返されてしまったというエピソードがある。金儲けに狂奔する大人たちの考えの多くは、5歳の子供の道徳心に遥かに及ばない、というのが実情だろうか。(29)

村びとたちはただでさえ「教育費」「印刷代」「教師費用」などの名目で多くの負担を強い

られているが、行政単位・党組織・営利組織はいずれも末端でも癒着や腐敗や権威主義が多く、海外から多国籍企業が「改革開放」の名のもとに進出すると、収益性の低い教育や福祉などの分野よりも、投機性の強い郷鎮企業などに徴収した資本を転用する傾向が強い。アグリビジネスを含む内外企業も、そこに目をつけて安上がりの子供を利用しはじめる訳である。

海外の企業の進出と結びついた「社会主義市場経済」は、地方農村でも化学肥料や高価な農薬・改良種子および各種高額機器の購入費用を増大させ、貧しい農民の負担は一層大きくなった。その一方で農薬や化学肥料を売る業者は大きな利益を上げはじめ、貧富の格差は拡大した。米日欧からの高額な外国産の農薬や化学肥料がその火付け役である。一番の売れ筋商品は、デュポン社の殺虫剤ランネットである。濃度九〇％の高毒性のもので、その成分はアメリカ本国のカリフォルニア州法では危険廃物の毒素に指定されている。その毒素にさらされるのは、何も知らない中国の子供たちである。一九九七年までの10年間に中国では化学肥料投入量は二倍となったが、中国国家環境保護総局は「農薬の多用が、数十年来、中国全土における有益虫や小川の淡水魚を殺してきた」と述べ、広域な環境汚染の事実を認めている。高度経済成長期の日本での水俣病やイタイイタイ病の苦い経験は、どのようにして学ばれてゆくのか、危惧されるところである。(30)

(7) タバコの真の害

筆者は愛煙家である。結婚してから後およそ20年ばかり禁煙していたが、タバコには実際にはそれほどの害はなく、禁煙運動の広まりが実はタバコ会社に対するアメリカの弁護士団のタカリや宗教原理主義の教義に大きく影響を受けてはじまったものであったことを知って、再び喫煙をはじめたのである。アメリカ先住民の民族文化や日本のキセル文化の長い伝統を継承する必要も考えてのことである。喫煙を再開してから、一日一箱で体調はすこぶる快調であるし、仕事もはかどっている。成分を調べてみると、「きわめて有害」とまくし立てるほど危険な成分は多くは含まれてはいない。水道水やワインやコーヒー、みそ、醤油、それに自動車の排気ガスや工場の煤煙などの方が、タバコの五〇倍、一〇〇倍も危険である。それに、カリフォルニア大学医学部などでは「タバコは健康増進に良い」という実験データがあるし、逆に「タバコが肺ガンのもとになる」というデータなど、写真の捏《ねっ》造や極端な集中的なニコチンの吹き付けがあったりして、別段精緻な科学的な裏づけがあるものではない。アルツハイマー予防や子宮ガン予防には適度な喫煙はむしろ良い、という観測まである。体調や体質によっては危険なこともある、といった程度のものなのである。また、禁煙運動に熱中する人たちが自分自身でタバコの成分を調べてみたという話は、あまり聞いたことがない。

こうした意見を述べると、普通の調子で話し出しただけで「医者や医師会が危険だと言っている。アメリカの医学界では常識だ」「嫌な臭いを勝手に周囲に撒き散らすのは迷惑千万だ」などと言って立腹される方も多いが、そうした権威主義への迎合や単なる大衆の思い込みへの服従はたいへん危険であるし、時には排他的・差別的でさえある。その上、「嫌な臭い」などと言うが、タバコが世界中に広まったのは、元々は「えも言われぬ良い香りがする」と多くの人々に感受されたからに他ならない。モラルを守らねばならないことや、病院の待合室や食堂など狭い場所で嫌煙者の傍らでわざわざ喫煙するのは考えもの、といったことは、禁煙運動でまくし立てられているタバコの科学的な有害性とは全く別の問題、単にマナーの問題である[31]。

タバコの本当の害は、それが途上国において子供の搾取を「成分」として含んでいるところにある。

何万人ものアメリカ人が吸っている手巻きタバコやシガレットの中には、インドやバングラデシュの幼児奴隷が巻いたタバコが混じっている。親や先祖の借金のために売られた子供たちである。一日10時間、二五〇〇本のノルマをこなしてせっせと単調な紙巻作業をさせられている。バブルガムやチョコレートで甘い香りをつけたものもありアメリカの若者には人気が高いが、インドの子供たちがそれを食べられるはずはない。何年も何年も精を出して働いても、子供たちの稼ぎが、ふくらむ金利に追いつくことはない。両親には、日本の悪徳サラ金業者も及ばない「五〇〇％」「一二〇〇％」といった「奇想天外」なまでの高金利が課せられている。インドでは、藍作などにそうした借金地獄の先例があり、「藍畑に送られたらもう最後、その後七世代にわたって借金奴隷」ということがよくいわれていたが、現代のタバコ産業でも同じ悪弊が積み重ねられている。[32]

子供たちは作業に手間取ればすぐにぶたれ、いつもお腹をすかせている。一九九九年に、CBSが手巻きタバコを転がしている奴隷にされた子供たちのドキュメンタリーを放送した。この時アメリカ政府はすばやい対応をし、数日のうちに、米国税関局がガネーシャ・ブランドの手巻きタバコをアメリカに輸入することを禁止した。そして、一九九五年の「幼年労働抑止法」に訴えた。しかし、他の全ての種類の手巻きタバコは、相変わらず輸入され続けたのである。これは輸入禁止措置や独占禁止法に関わってアメリカの歴史の中では比較的よくみられるケースで、例えば独占禁止措置に積極的であったと一般にはみなされているセオドア・ルーズヴェルトなどは、さかんに独占禁止法を発動しておきながら、自分に多額の献金を行なっている企業に対してはむしろ様々な優遇措置を与え、中南米「植民地化」を着々と推進していたのである。[33]

ネパールでもタバコは子供の奴隷労働で作られている。

写真3－3　タバコの葉から染料をつくる

e-Journal USA; *U.S. Legislative Initiatives to Stop Abusive Child Labor*: http://usinfo.state.gov/journals/ites/0505/ijee/harkin.htm

インドとの国境地帯にあるタライ地方には、安価な労働を求めてインド系企業が建てた工場が多数ある。そこでは、タバコ産業のための下請けや内職が休みなくつづいている。一九九九年の調査によると、5歳から9歳では三一・七％、10歳から14歳では五六・九％、15歳から18歳では三一・七％の子供が内職請負いの仕事を手伝っている。下層の女性の社会的地位がきわめて低いネパールでは特に女の子はこうした内職に就くことが多く、5歳から9歳では三八・九％、10歳から14歳では六七・三％、15歳から18歳では七六・七％となる。一日平均労働時間は5歳から9歳では4・1時間、10歳から14歳では5・2時間、15歳から18歳では6・3時間である。女子の識字率がわずか九・二％、三割の家庭が借金を抱え、十分な食糧が年に一ヵ月以上ある家庭は半数に満たない地方での調査であるから、家庭によっては特に女児はもっと長い時間働かされていると推察される。女子の就学率は5歳から9歳では十四・五％、10歳から14歳では二二・四％であるのが15歳から18歳になるとゼロ％、「女に学問は要らない」と考えるひと昔前の日本と同等な因習が根強くはびこっていることが分かる。

労働環境の劣悪さは、タバコ加工の内職で九割ちかくの子供たちが頭痛や胸の痛み、咳き込み、胃痛、眼疾、手足の痛み、発熱など何らかの病気になる（男子＝八六・六％、女子＝八六・四％）という数値から明らかである。(34)

情報や統計は少なく実情は不明の点も多いが、ラオスなどでは子供たちがタバコの葉から染料をつくる作業に携わっている。すでに二〇〇五年六月にラオスは「児童労働反対国家行動計画」立案の際に、児童労働に関するＩＬＯ条約（第一三八号、一八二号）に批准していたが、人身売買、売春そして徴兵の犠牲となる子供たちが未だに多いことで問題となることが多い。人身取引規制の法律もあるが、実効性のあるものではなく、子供たちは家事労働や搾取工場、そして兵舎へと送り込まれているのである。(35)

4章　べんりなものと子供の奴隷

（1）携帯電話につながる戦火

携帯電話やノート型パソコン、その他各種モバイル機器やゲーム機器などには、コルタン（コロンバイト・タンタライト Columbite-Tantalite）という稀少な鉱石が使われている。コルタンからは耐熱性のきわめて高いタンタルが精製され、電流を安定させるのに最適な粉末タンタルは小型コンデンサー等の製造に欠かせない重要素材である。そしてその小型コンデンサーはコンピュータ、電子機器の製造に用いられ、加工タンタルは携帯電話や各種充電維持部品の製造などにも不可欠のものである。ジェットエンジンやエアバッグ、暗視ゴーグル、ファイバーレンズなどの先端機器にもコルタンは欠かせないものという。

コルタンがどれほど重要な鉱石かは、二〇〇五年に公表されたマイクロソフト社の次の報告、「サプライチェーンマネジメントにおける課題：コルタンの採掘と人道上の懸念」の記述からも明らかである。(1)

「責任あるサプライチェーンマネジメントを遂行することは、決して容易なことではありません。たとえば、マイクロソフトが取り組まなければならない課題の一つに、製品の一部に含まれているコルタンに絡んだ複雑な問題があります。コルタンはプリント基板、携帯電話、テレビゲーム機器などに広く使用されている極めて耐熱性の高い伝導体で、これを使用することによる環境面での懸念はありません。問題は、コルタンの採掘に関連する人権問題です。

世界のコルタンの約八〇％がアフリカ大陸に埋蔵されており、中でも、戦乱で荒廃したコンゴ民主共和国に集中していると言われています。国連安全保障理事会の委託によりまとめられた二〇〇一年の報告書は、コンゴでのコルタン採掘によって得られる利益が隣国のルワンダやウガンダの武装勢力の財源となっており、コルタンの存在が同地域でいまだに続く激しい戦乱の一因となっていると結論付けています。

コルタンはコンゴ以外にもカナダ、オーストラリア、ブラジルなどで産出されていますが、鉱山から製品メーカーに至る過程に多くの段階があり、最終的な製品に含まれるコルタンの産出地を特定することは極めて困難なのが現実です。

マイクロソフトはコンゴ民主共和国（旧ザイール）におけるコルタン採掘に関連する人

道上の問題を懸念しており、今後も状況を見守りながら、コンゴに代わるコルタンの供給源の確保を各サプライヤーに働きかけます。」

コルタン輸出が多いのはオーストラリア、カナダ、ロシア、エチオピアで、現在はオーストラリアが世界シェアの約七〇％、カナダ約一二〜一五％、ロシア一〇％前後となっているが、推定埋蔵量が圧倒的に多いのは右のマイクロソフトの調査報告でも述べられている通りコンゴ民主共和国などアフリカ諸国（ルワンダ、アンゴラ、ジンバブエ、ウガンダ、ナミビアなど）、コンゴだけで世界の八〇％を埋蔵しているのではないかとみられている。そのコンゴはといえば、一九九八年八月、周辺七ヵ国を巻き込んで「アフリカ史上初の世界戦争」とまでいわれた凄惨な大規模内戦で知られている。十九世紀末にベルギーの植民地となって以来、ヨーロッパ列強（そして米ソ冷戦）の資源戦略・政治軍事戦略に翻弄される歴史を刻んできた国であるが、その欧米植民地主義の弊害の総決算のような惨劇が九八年の内乱であったといえる。水源の確保や資源利権の支配をめざす国々や多国籍企業などが、武器の配備や軍事訓練を支援、内戦を煽《あお》ったため紛争は激化し長期化した。二〇〇二年五月の時点で戦死者は二五〇万人、二〇〇万人以上の一般人が難民となり、一六〇〇万人が飢餓と疫病・疾病に苦しんだと伝えられている。激増したのはＡＩＤＳ患者である。総計では死者は四〇〇万から六〇〇万に達するのではないかという驚くべき観測もある。

こうした空前の「アフリカの世界戦争」は確かに重大で深刻な出来事であるが、ある意味これは欧米先進諸国による資源争奪戦略の当然の結果といえる点に注意が必要である。「未開なアフリカの単なる大規模部族闘争」などでは決してないのである。

ワシントン・ポスト紙によると、コンゴの反政府勢力グループが支配する鉱山からコルタンを直接購入しているのは、いうまでもなく欧米の多国籍企業。アフリカ諸国の国籍のものもあるが、実質的には欧米企業が買い手、元締めである。コルタン利用の三五〜四〇％をアメリカが占め、ヨーロッパが二五〜三〇％、そして日本が二〇〜二五％で、世界消費のほとんどを占めている。ハイテク産業の振興に鎬《しのぎ》を削る先進諸国において需要は頗《すこぶ》る旺盛である。そうした情勢の中で各勢力がコルタンその他の豊富な天然資源の確保をめぐって「内戦」を激化・長期化させ、鉱山採掘の権益は多国籍企業が奪い取ったというのが、コンゴ動乱の基本構図である。

アメリカは表向きはコンゴ民主共和国での平和実現を世界に訴えてはいたが、全ての国連決議が戦争終結のための和平協議を推進している間にもルワンダやウガンダ、ナミビア、ジンバブエに大量に武器を流し、軍事訓練を重ねていた。世界政策研究所（ＷＰＩ）の記録では、一九九九年だけで、アフリカ諸国の軍隊に供給されたアメリカの武器と訓練費用一九五〇万ドルのうち、四八〇万ドルはコンゴ紛争の関与国に向かったという。一九六五年から九一年まで、アメリカがコンゴに流した「支援」額は経済・軍事面だけで十五億ドル以上、アメリカの多国籍企業が莫大なコルタン鉱山の利権を確保したのは、当然の帰結であった。[2]

その背後で動く一番の主役は、例えばベクテル社である。常にアメリカ歴代大統領の名前やワインバーガー、シュルツといったアメリカ歴代国務長官、国防長官の名前と共に登場し、朝鮮戦争、ベトナム戦争、湾岸戦争、イラク戦争など大規模な動乱・戦争で実質的に莫大な戦争利益を上げた企業として事情通の間では必ずといってよいほど名前の挙げられる世界最大級のゼネコン・コングロマリットである。イラク戦争ではバグダッド占領直後、アメリカ国際開発局（USAID）が電気・道路・水道などの一年半に及ぶインフラ復旧事業を（開戦前からの密約通り）ベクテルに発注している。総額六億八〇〇〇万ドル（約八一六億円）という巨額の契約である。[3]

第三世界の紛争や途上国の巨大事業ばかりでなく、わが国も含めて世界中の原発建設やダム建設、鉱山開発、電源事業、宇宙産業、防衛・軍需兵器産業、重化学コンビナート建設、交通事業などにベクテル社は関わり、ワシントンやサンフランシスコの地下鉄工事、ロス新空港、ラスヴェガス新空港、パプアニューギニアでの世界最大級の鉱山開発、東京湾横断道路、東京臨海部再開発、ジオトピア計画（地底総合開発構想）、丸の内再開発計画、リニアモーターカー構想、東海道超電導新幹線計画、東京新国際空港（24時間国際空港）建設、関西国際空港旅客ターミナルビル新築工事、アジア太平洋トレードセンター建設工事などにも関わっているとされる。アメリカ本国や日本も含めて、世界中の「国家レベルの巨大な利権」だけが同社のターゲットである。こうした、国家・政府を相手に一国の情勢に決定的に大きな影響をもたらす企業のあり方や戦略を、筆者はひそかに「コルテス・ピサロ方式」と名付けている。[4]

テキサス州ヒューストンに本拠地を置くベクテル社は、旧ザイールがこれまでに集めてきた、ほぼ完璧な鉱物分布のデータなどを入手し、着々と触手を伸ばしていった。モブツ政権転覆の直後には、新しく樹立した傀儡政権との間で American Mineral Fields 社がコバルトと銅の採掘に一〇億ドルの資金を回し、やがて結局はその資金がらみの債権回収を主張して全てを手中に収めるというお決まりの手口でほとんどすべての利益をアメリカ企業の中に吸い上げていった。世界中で起こっている民族紛争、戦争の裏には往々にして天然資源の争奪戦があるというのが鉄則である。つまりは、その天然資源から莫大な利益を得る世界企業が「戦争の親玉」（ボブ・ディラン）ということになる。

先進国ではコルタン確保によって携帯電話や家電製品、ノートパソコンなどの小型化と価格破壊が進み、コルタンへの需要は一層高まった。その裏側でコンゴでは子供たちまでもが奴隷同然に扱われてほとんど手掘りでコルタンを採掘している。子供たちは学校へも行けず、行くべき学校自体もない。カカオやサッカーボールの事例でふれたのと同様、自分が丸一日重労働で掘り出した鉱石がいったい何に使われているのか、何も知らずに過ごしている。実際、「俺たちは、コルタンがいかに重要かなんて知っちゃいないさ。どんなに役立つものかなんて知らないんだよ」と、日々採れたコルタンを反政府勢力グループに売っているある鉱夫が述べたことがある。彼らは皆、一日過ごすためのお金を稼ぐのに、工具も防護設備も何の保証もない危険で不衛生な「地下の闇の世界」で働かされているのである。鉱山の中腹が崩落し、少なくとも五〇人、一〇〇人がその土砂に埋まったという事故の報道も幾つか伝えられている。十九世紀のアメリカに展開した奴隷制の「地下のフロンティア」が、そっくりそのまま広められているとみるのが、正答である(5)。

当然、傀儡のコンゴ政府に敵対する反政府勢力は幾つもある。そのうちの最大勢力RCDはコンゴのおよそ五分の二の地域を支配し、その地域の一帯でもコルタンが採れる。鉱山で働く人々はたまに町にコルタンを売りに行くが、その道の途中でRCDの兵士に出会うと兵士たちは彼らに「通行料」の名目でコルタンを差し出させる。必死で働いて得たコルタンを「ゲリラ」が横取りするわけである。その横取りで得た資金で武器が買われ、コルタン鉱山を守るために少年兵(後述)の部隊が組織されて内戦状態が更にいつまでもつづくということになる。内戦の情報が大きく報じられると国連軍が介入、少年兵が国連軍部隊と戦闘になったという話まで伝えられている。

そのようにして確保され輸出されたコルタンが先進国の最先端工場で加工され、私たちの携帯電話やモバイル機器になっているというのが商品連鎖の世界、実際の世界の成り立ちである。この章のはじめに引用したマイクロソフト社の報告のサブタイトルが「コルタンの採掘と人道上の懸念」と題され、その記述の中に「問題は、コルタンの採掘に関連する人権問題」という言葉があるのは、以上のような実情の一つの裏づけである。道路や通信設備も不十分な内戦地帯の事情は元々詳しく知り得る余地はないうえ、巨大企業がらみの巨額なお金の絡む問題では誇張された話や複雑な情報操作も多いことであろうゆえ、以上の考察が正確さを欠く点は無論あるかもしれない。しかし、ベクテル社の動きや各地のダム建設、空港建設、東京湾横断道路、東京臨海部再開発などといった私たち庶民が別段望んでもいないし私たち自身にはまったく役に立ちそうもない環境破壊の巨大建設プロジェクトが日本人の借金ばかりを増やし続けている現実を省みれば、ある程度核心をついた考察でもあろうという視点は、しっかりと保持しておくのが賢明だろう。途上国の問題は、私たち日本人の問題と考えることも、決して暴論・謬論《びゅう》ではないのである。

（2）10歳児の死：石炭

石炭は日本では今では石油ほどの馴染みや産業上の重要性の比重はないが、世界商品として最も主要な品目の一つである。その石炭採掘や木炭製造にも子供の奴隷労働が関わっている。

産業革命期に炭鉱奴隷として酷使されたイギリスとアメリカの子供たちの事例についてはすでにふれたが、現在、比較的注目を集めているのはラテンアメリカと中国の炭鉱児童労働である。インドに関しては、5歳児も含めておよそ二〇万人の子供が過酷な条件で炭坑労働に使役されており、朝の3時から16時間労働という事例などが報告されている。他にも、ネパールや旧東欧地域、アフリカ諸国の事例についての調査報告や研究も若干ながら現れはじめている。そのうち、ここではあまり広くは知られていないコロンビアとキルギスタンの児童労働と石炭、木炭の関わりについての事例を紹介し、多国籍企業との関連がみえやすいブラジルの事例も取りあげておく。

まずはコロンビアであるが、児童労働廃絶運動の代表的な組織の一つである Global March International が「最悪の児童労働形態」について国別の調査事例を公開しており、その中にコロンビアのデータがある。(6)

コロンビアは人口四五〇〇万ほどの国で幼児人口は一四〇〇万、ユニセフの二〇〇五年度の調査ではその内の五％、すなわちおよそ七〇万人の小児（5歳〜14歳）が児童労働に従事していると見積もられている。二〇〇一年度にアメリカ労働省が5歳〜17歳の児童を対象に行なった統計調査では、十四・五％となっている。いずれにしても、半官半民企業の Mineros de Colombia が公表した数値では、二〇万人から四〇万人の子供たちが違法な鉱山労働や農場労働で「最悪の形態」に駆り出されているという。これは、二〇〇五年二月に発表された人権に関するアメリカ政府の国家・地域比較調査の統計に載せられた数値でもある。ちなみに、アメリカの奴隷制反対運動団体 iAbolish の推計では約三〇万人ということになっている。

そうした「二〇万人から四〇万人の子供たち」のうちの一人に、荷運び小僧 trap boy として炭鉱に雇われたジョンという名前の10歳の少年が居た。ある炭鉱労働者がそのジョンについて、次のような証言を残している。

「石炭を砕いて運ぶ仕事は、それはそれは辛くて危険なものさ。傾斜した滑走路のような坑道に四六時中うずくまって、次々と忙《せわ》しなく送られてくる板状の石炭や石炭の欠片《かけら》を洗い台まで運ぶのさ。あの子はいつも朝の4時から夜中の12時まで、週に五、六日は働きづめだったね。給料の支払いはいつも遅れ気味で、法定最低賃金なんかより、もちろんずっと少なかったさ。働きはじめてしばらくすると、あの子は背中が曲がって猫背になっちまったよ。炭鉱の厳しさは生半可なもんじゃない。指を切るなんて当たり前、骨折したりつぶれちまったりもよくあることさ。ある日、あの子が坑道から居なくなったと思ったら、死体になって運び出されてきたのさ。」

こうした「最悪の形態」は炭鉱ばかりでなく、金鉱山や、粘土採取地、エメラルド鉱山、大理石の細工工房、それに農場労働にもみられるといい、売春やポルノ産業に引き込まれる児童も二万人〜三万五〇〇〇人以上である。ボゴタ中心街だけで一万人の少女売春と一〇〇〇人の少年売春がみられるという。コロンビアといえば、フロリダ州知事のジェブ・ブッシュ（前アメリカ大統領の実弟）との結びつきも噂される麻薬マフィアとゲリラ、内戦で有名であるが、少年兵は一万四〇〇〇人以上、戦闘は無論のこと麻薬運びや通信員、爆弾運び、兵士のセックスパートナーとされている。11歳〜17歳の児童のうちおよそ三〇〇万人の子供たちは就学の機会がなく、児童奴隷の予備軍となる可能性も高い。

キルギスタンの事例については、例えばBBCの中央アジア特派員による調査報告がある。(7)ある炭坑では一日三ドルの稼ぎを得るため子供が働いている。狭く暗く息詰まるような坑道の中では、ハンマーでたたき割られる岩石が絶え間なく刃物のように飛び散っている。粉塵や煙に混じって、さまざまな有害物質が肺を侵してゆく。子供は鉱夫の横で大きな袋に石炭が一杯になるのを待ってうずくまっているが、袋にぎっしりと石炭が詰まるとその重い袋を背中に背負い、狭く不衛生な坑道を這って出口をめざす。その痩せ細った子供は、ソヴィエト時代に採算が合わずに見限られた炭坑で今も働く何百人もの子供たちのうちの一人である。友人が死ぬのを見たことがあると言い、自分も死にかけたことがあるという。因《ちな》みに、今は世界遺産として有名な島根県の石見銀山で働かされた十代の青少年の境遇も同様なもので、20歳まで生き長らえることができるのは稀で、25歳で還暦祝いが行なわれたという(8)。

「家族が生きてゆくためには仕方がないんだ。学校には行きたいけど、ぼくは家族を助けなきゃならないんだ」と、お決まりの言葉がその少年の口から漏れる。

旧ソ連内にあった多くの近隣諸国と同様、ソ連崩壊はキルギスタン炭坑業の崩壊をもたらした。インフラの整備はなおざりにされ、鉱山も人も棄てられたのである。その犠牲になったのが子供たちであった。子供たちは学校をやめさせられ、少しでも多くの石炭を集めるよう言いつけられることになった。十分な設備や装備がなくなったため、掘ることができる坑道は狭くなり、体の小さな子供が徴用されたのである。いったい何人の子供が炭坑に押し込められているか、政府は事実自体を認めず調査もしないため誰にも分からない。ＢＢＣ記者が調査したどの炭坑でも多くの子供が居たというのであるから、子供の徴用が例外的な事例でないことは確かである。

キルギスタンの炭坑の子供たちは夏の暑い日も冬の氷点下の厳寒の日々も休みなく働かされている。粗末な装備の炭坑で問題となるのは排水問題であるが、冬にも時々、坑道の奥深くまで排水ポンプを運ぶために子供たちは冷たい身を切るような氷水の中を泳ぐことになる。「政府の援助が欲しいのはやまやまであるが、政府に嘆願すれば廃坑にされるのは目に見えているため、誰も公的な援助はあてにしようとはしない。他の仕事を作ることができないのなら、鉱山労働をもっと適切なものに改善するのが当然です」というのが地元ＮＰＯスタッフの嘆きである。

落盤事故も死亡事故もしょっちゅうのことであるが、事故で父親を亡くした家族の窮状は子供を鉱山に追いやる典型的な事例である。ＢＢＣ記者は、二人の子供を鉱山に行かせたある寡婦から涙ながらの証言を引き出している。「どんなに節約しても五人の子供を抱えて一日二ドルの生活はあまりにも苦しい。鉱山主が夫の仕事を10歳の息子たちに引き継がせろと言ってきたので、そうするしかなかったの。狭い坑道に入れるのはあの子しかいなかったから。学校もやめさせてしまったわ。本当なら、もうこんなところには住みたくはないのに……。」

この寡婦の夫が働いていた鉱山までは歩いて40分ほどかかるが、取材した記者が寡婦の家に着いた時、ちょうど子供たちが重い荷物をロバの背に乗せているところだった。子供たちの小さな手は、みなタコができてぼこぼこに膨れ上がっていた。その手を見るだけで、彼らの仕事がどれほどの重労働か、すぐに察しがつく。ガス爆発、粉塵の充満、坑内火災はどこにでも起こり、危険且つ不衛生な重労働である。子供らしい幼児期をほとんどもたないこうした子供たちの夢は、例えば「警察官になって困っている子供たちを助けたい」というものである。

次にブラジルの事例をみる。資源大国のブラジルは貧困大国でもある。

ブラジルには一九七〇年代以降、フォルクスワーゲンやネスレが進出、木材や木炭など広大な森林の資源を利用して鉄鋼生産や製品工場のコストダウンをはかっていった。下請け会社にリクルートした労働者たちには高給と無料の食事を約束し、アマゾンの奥深くの木炭プランテーションが次々と開発されていった。しかし高給や食事の提供は名ばかりで、交通費がかさんだとか食費に足が出たなどといっては、余分の骨折り仕事が課せられた。炭焼きのためのキャンプには監視がつき、体がくたくたになるまでこき使われたというが、その中には4歳の女児もいたという。不衛生な危険な作業場でのひっきりなしの重労働のため、黒肺塵症や火傷《やけど》が当り前であった。

一九九二年になって労働調査官が派遣されマト・グロッソにおいて五〇〇〇人から八〇〇〇

〇人がそうした炭焼きの強制労働に押し込められていることが判明、腐りかけた食事の支払いのために過大な支払いを要求されて働かされることもあったといい、大部分の子供は栄養失調だったという。進出企業の対応は他の章でみたのと同様、「下請けの連中がどんなことをしているかは知らない、当社には関係がない」というものである。[9]

ここでみたのは秘境と呼ばれたアマゾン奥地で行なわれている理不尽な開発活動のほんの一齣である。（中南米の他の国々の歴史や北米フロンティアの歴史も同様なのではあるが）アマゾン開拓や森林破壊の歴史を調べていると、民族や文化そのものを破壊し、先住民を到底人間のすることとは思えない残酷さで掃滅していった事例が無数に出てくる。アマゾンではとりわけ、「パンドーラ」「マメルーコ」と呼ばれる奴隷狩りのサディスト集団が古くから先住民襲撃を繰り返し、二十世紀に至るまで無法を働いてきたという。ブラジルは近代に至ってから最も多くの奴隷をアフリカから輸入した奴隷貿易大国であり、土地問題や先住民問題などに関し、四〇〇年間つづいた奴隷制の伝統の弊害は未だに決して少なくはない。そして二十一世紀の今日、本書3章の（6）「ハンバーガー・コネクション」の項目でみた通り、アマゾン先住民は先進諸国の企業活動との関わりの中で相変わらず極度に破壊的な開発の犠牲となっている。その中で多くの幼い子供たちが重労働にあえぐというのであれば、「開発」のあり方が根本から問い直されてよいのは当然であろう。3章でもふれたが、センデロ・ルミノソ（輝く道）という「テロリスト集団」が日本など先進国企業の社員を人質に取り、政府軍に制圧された折、何人かの少年兵や少女兵も射殺されて大きなニュースになったことがある。そうした根深い深刻な問題も、本来はまず開発のあり方を歴史的に根本から見直すことが第一なのであり、開発の規模や影響が今日ほど甚大であることを考えれば、企業活動のあり方の根本からの再考が求められるということである。

（3）石油略奪戦略の罠

二十世紀初頭以来、石油企業は兵器産業と並んで最も影響が大きく、また何かと問題の多い企業である。前アメリカ国務長官コンドリーザ・ライスが元取締役をつとめたシェブロン社は売り上げ高一九三六億ドル、純利益は一四一億ドル（二〇〇五年）という巨大企業で、世界各地で油田の採掘や開発を行ない、また環境破壊や政情操作、人種差別を行なっている。同社が「コンドリーザ・ライス号」という超大型タンカーを保有したことはよく知られている。識者の間では、憲法九条を空文化したわが国の「テロ特措法」なるものが、結局はシェブロン社からの高値での石油買い付け法であったことが指摘されている。ここでは同社のエクアドルとナイジェリアでの活動と地元住民の状況との関わりについてみておく。

エクアドルは一九七〇年代までバナナ輸出に頼ってきた「バナナ共和国」（本書148頁）の典

型である。人口およそ一二六五万人、領土の狭い小国であるが、石油の埋蔵があるため、先進国企業の貪欲な開発戦略には容赦がない。地元の多くの住民は石油の恩恵を受けることはなく、垂れ流しの汚水によって生活基盤そのものを脅かされている。七〇年代以降、輸出の大半を石油が占めるようになって国内総生産の四分の一にものぼるようになると、国内の貧困はむしろ深刻化するようになった。各国指導層や主要産業の重役を洗脳・恫喝・脅迫するエコノミック・ヒットマンが送り込まれた可能性も高い[10]。特に奥地に住む先住民たちは、現在の石油企業の開発の強引さ、身勝手さに翻弄されている。開発によって環境や文化を破壊され、多くの住民の健康にも害が出ている。こぼれた原油でどろどろになった道を、地元の住民たちはサンダル履きで歩いている。ドラム缶やパイプラインで遊ぶ子供たちも多い。皮膚病やガン、先天性異常、流産も先住民たちに多発するようになったという。

エクアドルには、何千年も前から手工芸や狩猟で生計を立てて素朴で長閑《のどか》な暮らしを守って来たコファン族という先住民がいるが、一九七二年に進出したテキサコ社（ロックフェラーのスタンダード石油系統の会社で、二〇〇一年、シェブロンと合併してシェブロン＝テキサコ社に社名変更。現シェブロン社）が油田開発に際しそのコファン族に弄した虚言は、「石油を肌に塗ると痛みに効く」というものである。しかも、コファン族には理解できないスペイン語で書かれた石油採掘の許可契約を締結し、開発は強引に進められた。倨傲《きょごう》とはこうしたシェブロン社のような企業のためにある言葉である。シェブロン進出以来、周辺に住むコファン族には病気が多発、吐血して死ぬ者が激増したというが、果たしてそれは単に石油だけを原因としたものか、前項「石炭」の項目でふれたアマゾンの実情や、3章の「ハンバーガー・コネクション」の項目でふれた南米先住民殺戮の現状などを思い起こすと、何らかの毒物散布の疑いさえ禁じ得ない。

エクアドル住民と先住民は、いつまでもシェブロン社の横暴には耐えきれず、アメリカとエクアドルの弁護士の協力を得て二〇〇三年の五月に総額一二〇億ドルの訴訟を起こすこととなった。史上最大の環境訴訟といわれるものである。その訴状によれば、同社は「一九七一年～一九九二年の20年間、エクアドルの北アマゾン地域に六八一億リットルもの有毒水を適切な処理をせずに廃棄し、六〇〇の泥だめを放置した」という。また、「六三〇〇万リットルの原油を放出」したが、これは一九八九年にエクソン社所有のタンカーがアラスカ湾の座礁事故で流出した四〇万リットルを遥かに凌ぐ二桁違いの広域汚染であった。石油による環境災害としては史上最悪のもので、農産物や住民の健康、植生、生態系への影響はあまりにも多大であった。クリーンアップには、六〇億ドルが必要と見積もられている。近年の環境問題研究で「Environmental Racism」や「Environmental Justice」、「Eco (logical)-Imperialism」の議論がさかんとなってきていることが当然と思えるのは、筆者だけではないだろう。この点については、別の著作で更に詳しく論及する予定である。

先住民の受難は当時の政府の無神経な政策によっても一層深刻化した。政府は先住民たちの法律への無知・無関心につけこみ、先住民たちの土地を勝手に開拓希望者に分与していったのである。政府はアマゾンのほとんどの地域を「空地」だと強弁し、開拓者を誘致して農場を作らせ、土地を活用するキャンペーンを行なっていった。先住民は「居なかった」ということにされてしまった。エクアドルでは希少なカエルなどが絶滅の危機に瀕すれば政府は保護地域をつくって守るそうであるが、先住民の危機を保護する姿勢はもたなかったのである。今では先住民たちは川を渡っただけで「開拓領域への不法侵入者」とみなされてしまうという。アメリカやメキシコで冷酷に展開した先住民「清掃」の歴史は、私たちの時代にも展開している訳である。[11]

西アフリカのナイジェリアでも、シェブロン社はエクアドルでの石油確保と同様に冷徹な「開発」戦略を展開している。[12]

ナイジェリアはニジェール川の河口からギニア湾に広がる豊富な油田地帯をもつが、推定原油埋蔵量は世界第七位といわれ、石油からは年間三兆円の富が生み出されている。石油という世界商品が先進国企業の恣意的なふるまいに如何に支配されているかは、資源豊富なナイジェリアが毎年抱える債務の巨額さをみれば一目瞭然である。石油の富と同額、それ以上の債務がこの国には伸《の》しかかっている。その貧しさや政情不安は、以下にみる通り、欧米の石油企業や軍事関連産業によって作り出された状況といってよい。

ナイジェリアにおける石油の採掘権はアメリカ・イギリス・イタリアなどがもち、今後25年間にわたって、沿海の海中油田の採掘権もすでにそれら先進諸国の石油企業によって買い占められている。「先住民の土地も主権も奪った後、資源を採り尽くすまで盗る」という、アメリカ南部、西部の鉱山町に展開したゴーストタウンの歴史が、いま私たちの時代にナイジェリアにも植え付けられている。1章で述べた「南部化する世界」が、まさに中南米でもアフリカでも展開しているのである。

地元先住民の生活や環境のことは眼中にもなく、石油というBonanzaの占有をめざしてビジネス一辺倒の開拓がすすめられる。年間三兆円の富があれば、国民の生活は十分豊かになりそうなものであるが、ナイジェリア国民の七割、一億人ちかくが一日一ドル以下で生活する最貧困層であり、貧しさのあまり石油を盗掘、銃撃の犠牲になる者も少なくない。ナイジェリアに進出したシェブロン社の製油所の対岸一帯に、石油盗掘をくり返すイジョ族のクラ村がある。クラ村には学校や職場はなく、海も川も精油所が垂れ流す汚水によって極度に汚染されている。先にみたエクアドルでの環境犯罪は、ナイジェリアでも繰り返されているのである。企業を裁く国際法廷がもっときちんと権威づけられていれば、シェブロン社に課される賠償金の総額はどれほどになるであろうか。もっとも、アメリカは国際刑事裁判所の取り決めには批准していないし、子供の権利条約の締約国にもなっていない。二〇〇七年九月に23年間の慎重な審議を経て採択された先住民の人権宣言（先住民の権利に関する国際連合宣言）に対しては、カナダ、オーストラリア、ニュージーランドの三国（いずれも旧イギリス植民地国）と共に「反対」の意思まで示している（こうしたことは恐らく、多くのアメリカ庶民の思いには、決してそぐわない選択であろう）。アメリカは人権を奉じて独立した国家ではあったが、まことに残念なことに、企業専制主義《コーポレートクラシー》展開の中で経済活動や外交展開の面ではむしろ人権否定、人権破壊の国に堕してしまった点が目立つ。アメリカの進出が世界中で憎悪を伴ってしまう最大の原因はここにある。国際法廷確立の見込みが薄いのであれば、世界企業の重役やアメリカ人の「モノの考え方（心性）」を変える他に手段はない。

油田のあるニジェール川のデルタ地帯には元々は豊かな漁場があり、イジョ族が魚や貝をとって暮らしていた。しかし、シェブロン操業による広域汚染により、魚貝の捕獲量は激減、一日中魚や貝を売っても手に入るのはせいぜい七〇円程となった。環境を第一に配慮し地元の人たちも雇い入れれば何ら問題はない筈であるが、シェブロンはそうした姿勢を示していない。

極貧に追い込まれた村の若者たちには抗議や交渉の機会もまともに与えられず、結局は正当な富の分け前を求めて武装闘争にも至っている。反政府武装組織「デルタ人民義勇軍」が組織され、多数の少年兵もいるという。彼らの主張は、産油地帯で暮らすイジョ族も石油の恩恵にあずかるのは当然だという、いわば当たり前の要求である。地元の少数部族は雇わず、環境も破壊して不満を鬱屈させ、政権をもつ多数派部族に大量の武器を売りつけた上「治安の万全」をアドバイスして退役軍人の経営する軍事コンサルタント会社が入り込む、というのが基本的な手口である。武器はもちろん、ゲリラの側にも売りさばかれる。世界軍事費の半分を使って重武装に重武装をかさねる軍事肥満国家アメリカでは退役軍人の政治的圧力は極めて強力で、今では世界各地の戦争もそうした退役軍人の関与する企業によって「民営化」までされている。イラク戦争で石油施設を手中に収めた際、真っ先に復興ビジネスを支配し独占したのは、先にコルタンの項目で名を挙げたベクテル社であり、またチェイニー副大統領がCEOをつとめたハリバートン社であった。イラク戦争は一面、ハリバートン社のための戦争といってもよい。大方の善良無邪気なアメリカ人はそうした実態を知らされることもなく、機会あるごとに「自由と民主主義、正義の国アメリカ」の大義をマスコミ情報やハリウッド映画から与えられている。そして、巨大な物量の商品を売って利益を貪る世界企業に過剰消費を奨励され、ガルガンチュア的な肥満国家に陥ってしまったのである。[13]

ナイジェリアの首都アブジャには巨額のオイルマネーが溢れたが、その膨大な資金はむしろ大きな歪《ゆが》みを国内にもたらした。歴代の軍事政権は外国から巨額の借り入れを行ない、様々な産業開発プロジェクトを次々に立ち上げていたが、これは結局国家ぐるみの汚職の温床となり、返済にあてる筈の石油の富も庶民の生活向上に向けられることは少なく、多くが私物化されてきたという。汚職の体質は、英領植民地時代から役人の肌に染み付いたものである。借り入れ総額は年間三兆円以上。世界有数の産油国でありながら、ナイジェリアはアフリカ最大の借金を抱えているのである。国家歳入の八割をオイルマネーが占め、多様な国内産業体制は整っていない。九〇年代後半からナイジェリアの沖合で海底油田の発見が相次ぎ、メジャー企業が新たなビジネスチャンスを狙って殺到したが、アメリカでは、(案の定)チェイニー副大統領の主導でエネルギー計画が立てられていた。それは、「アメリカ人が今まで通りの豊かな暮らしを続けるには今後20年で石油輸入を七〇％増やす必要があり、その最大の輸入元の一つとしてナイジェリアを押さえておく」というものである。ギニア湾に対して五兆円を超える投資が行なわれている。アフリカ産油国の経済のあり方も20年後のその未来も、ワシントンの会議室やシェブロン社の事務室で決められている訳だが、五兆円以上のお金が、全国民の七割を一日一ドル以下で生活する絶対的貧困層のままにしている。

むろん、汚職追放のキャンペーンや周辺住民への一時金の支払いなど自助努力や改善策も試みられてはいるが、オバサンジョ政権下で回収・活用できた金額は一〇〇〇億円程度、石油輸出額の三〇分の一ていどにしか過ぎない。アメリカの思惑通り国営事業の民営化に取り組み、経済を市場競争原理に委ねた結果は、少数民族を犠牲にした上での、偏った富の分配による更なる格差拡大と環境汚染であった。それに加えて、先住少数民族の抑圧を作り出して先進国と特権層だけが石油の恩恵にあずかるという、すでに述べたような狡猾な営利戦略がセットされている。巨大な富を約束する筈の油田には、そうした大きな罠が仕掛けられているのである。

こうした歪《いびつ》な国家経済の枠組みの中で、子供たちには強制労働、人身売買、徴兵などの極限状況がのしかかっている。ナイジェリアの児童労働者は一二〇〇万人。二〇〇〇年には、10歳～14歳の子供たちのうち、二三・九一％（男児二五九万七〇〇〇人、女児二二六万二〇〇〇人）がタダ働き同然に働かされていることが明らかになっている。国内の労働者のうちの四割は子供であり、特に女の子は労働のため、学校をやめてしまう。ベナンなど周辺諸国からも子供たちがナイジェリアに連れて来られ、奴隷や召使い、売春婦として売られる子供も居る。ＩＬＯは、「およそ十九％の児童と四〇％のストリートチルドレンが強制労働のために人身売買で取引され連れて来られた子供たち」だと報告している。そしてその大部分の女の子は、ナイジェリアからヨーロッパへ売春のために「密輸出」もされる。ナイジェリアは、アフリカの中でも特に売春の多い国である。なお、政府軍には18歳未満は入れないが、実際には18歳以下の子供たちも居るものと考えられている。前アメリカ国務長官、黒人エリート女性のコンドリーザ・ライス氏が、こうした実情に何故もっと思いやりのある配慮を示せなかったのであろうか。(14)

5章　たのしいものと子供の奴隷

（1）大人の世界へのレッドカード：サッカーボール

パキスタンやインドなどの絨毯・織物産業では、地域によっては働き手のうちの七割から八割が子供ともいわれているが、日本をはじめとした先進諸国の子供たちが楽しむスポーツの用具類の製造にも貧しい国々の子供たちの「器用な手」がたくさん利用されている。その代表的なものが、世界中で人気のサッカーのボールである。

サッカーボールの最大生産地はパキスタン東部のシアルコットで、一時は世界のサッカーボール生産の七〇％～八〇％を占めていたこともある。検索サイトのＧｏｏで「シアルコット」のキーワードで検索を行なうと、まずはじめに国際労働機関ＩＬＯの「児童労働の実態」のサイトがリストアップされる。記事のタイトルは「結ばれた協定＝パキスタン：シアルコットにおける取り組み」である。そこでは、サッカーボール製造と児童労働の問題についてのＩＬＯの対策の成果が示されたあと、概略次のような解説が紹介されている。

「シアルコット地域では、年間約三〇〇〇万個（！）のサッカーボールが製造されている。一九九六年に行われた調査によると、女性と七〇〇〇人の子供たちを含めた約四万二〇〇〇人の縫製者が、手縫いのサッカーボール製造に携わっていた。その後、サッカーボール製造から児童労働を撤廃するように様々な方面の声が高まり、シアルコット商工会議所は一九九七年にＩＬＯとユニセフのもとで協定書に署名した。製造業者の自主参加によって、サッカーボールの生産から児童労働を撤廃するための共同計画が始まったのである。

計画は、防止・監視と社会保護という二本柱からなっている。ＩＬＯが担当したのは、シアルコットのサッカーボール産業で子供が働いていないかどうかを調べ、児童労働が段階的に撤廃されることを見届けるために、外部監視システムを設置したことである。監視チームは、ＩＬＯの定めた内部監視を担当していて、計画に参加している製造業者と協力する。

プログラムを実施した結果、防止・監視及び社会的保護がかなり進歩した。一九九八年には対象となる生産能力の少なくとも二五％を縫製センターに移転する目標も達成でき、同年九月までに生産能力の五〇％移転の達成に向けて取り組んでいる。労働から解放された子供は、社会保護プログラムが提供するノンフォーマル教育等に参加する。

サッカーボール縫製から解放された子供やこの監視プログラムの対象となった子供に対して、ノンフォーマル教育や技能訓練を行ない、大人には収入につながる活動や、クレジット、ローン、貯蓄などで便宜がはかられる。意識向上やモビライゼーション活動もこのプログラムが受け持つ。このプログラムによって、家族や地域社会と緊密な連携をはかる。大きさや性質の異なる共同体で、社会保護サービスの拠点となるのが村落教育行動センターの Umang Taleemi Centres (UTCs) である。各地にあるこれらのセンターによって、シアルコット地方のサッカーボール生産地のネットワークが形成されている。これらのセンターを通じて、約三〇〇〇人の子供とその家族五四〇〇~七〇〇〇人が、社会保護プログラムに組み込まれた。プログラムの参加前、子供たちの半分はフルタイムでサッカーボール縫製に携わっていた。残りの半分のほとんどは、家族のサッカーボール関連の仕事を手伝い、それ以外の子供たちは他の仕事に従事していた。働く子供たちに教育プログラムや各種サービスを受けさせるためには、子供とその家族に大きく働きかけ、意識を高める必要がある。子供の稼ぎが大きい場合はなおさらだ。プログラムに加わっても、子供に給与や手当が支払われるわけではない。だがプログラムを担当するＢＬＣＣは、パキスタンの絨毯産業やその他で効果的だった戦略を活用して、すでに成果が見え始めている。シアルコット地方の小さな村々のメッセージは単純明快だ。〝児童労働をなくし、子供に教育を受けさせせよう！〟がそれだ。」

二〇〇二年、日韓共同開催となった第十七回ワールドカップから二年して、「ラホール・シアルコット宣言」なるものが採択されている。シアルコット商工会議所が「企業における環境責任」を文書で明確に位置づけることを表明、国連環境計画（UNEP）のオフィシャルパートナーであるNPO法人グローバル・スポーツ・アライアンス（GSA）などの活動に支えられて出された宣言である。UNEPにも関わりをもつ宣言ということからも明らかな通り、この宣言には、青少年育成プランやプロスポーツ選手との各種の協働プランのほか、環境マネジメントに関わる内容なども盛り込まれた。実質的に宣言発布の動機ないし柱となったのは、児童労働撲滅に向けての方針であった。この宣言では「スポーツマンシップの一環としてエコプレーを実践しよう」というGSAの理念が強調され、スポーツに携わる企業の環境保全責任や社会貢献の推進もうたわれた。しかし元々は、ワールドカップという晴れやかな表舞台の陰で問題視されはじめたナイキなどの有名スポーツ企業と児童労働の過酷な実態をめぐるスキャンダラスな関わりを発端としたものだったのである(1)。

シアルコットで製造されたボールの大半は、ナイキやアディダスなど世界中の誰もが知っているような大手スポーツ用品メーカーに買い取られ、使用料を支払って国際サッカー連盟ＦＩＦＡの公認マークを表示、世界中で売られている。その販売利益が、朝から晩までフルタイムでボールを作っている子供たちとその家族の生活を助け、可処分所得や有効需要を増やしてその家族や彼らの住む地域の生活改善と発展に寄与しつづけてきたのなら、何も問題はない。

しかし、本書で扱っている他の世界商品と同様、子供たちに支払われてきたのはサッカーボールの販売定価の三％にも満たない金額である。フルタイムで働くため、当然、学校には行けない。インドではボール製造産業で働くフルタイム労働者の三七％が5歳～12歳の子供だという。パートタイムで働く子供でも、仕事に疲れて勉強になかなか集中できず、夜遅くまで残業させられることも多いという。サッカーボールを自分で作っても、それで遊ぶことはない子供たちなのである。インドでは大人がサッカーボールを縫えば一日の平均収入はおよそ四〇セントであるが、これはインドの法律で定められた最低賃金の三分の一にしか過ぎない。子供なら、当然さらに収入は少なくなる。

サッカーボールは三二面の革片を合わせ縫って作る。高級になるほど革は厚くなり、相当な力がいる。野球のグローブや剣道具を修繕した経験のある人には、よく分かる感覚だと思う。ＩＬＯの広報誌によると、インタビューした手の指が傷だらけの13歳の少年は、「これまで学校に一度も行ったこともなく、サッカーが何人で、どんな風にやるスポーツかさえも知らなかった」と述懐している。10歳前後と思われるある少女は、「手は燃えるように痛い。物心ついたときからサッカーボールを縫っているの。でも、家族を助けるためには仕方がないわ」と証言したという[2]。

一九九八年になって漸く、FIFAは児童労働によるボールは公式試合球には使用されていないと表明。また、シアルコットは今や児童労働を撤廃した「モデル都市」になったという新聞報道がある。幾つかの大手スポーツメーカーは児童労働監視活動を開始し、子供たちに教育機会を与える財団を設立したともいう。「一〇年後のシアルコット」と題されたILO駐日事務所のメールマガジンを読んでみると、「一万人を超える児童に教育が提供され、うち五八〇〇人が正式な学校制度に組み込まれた」と成果が誇らしげに強調されている。「ラホール・シアルコット宣言」が単なる宣言に終わらず、一定度の実質的な着実な稔りを生んできたということである。

しかし、FIFAと契約関係のない業者やほかのスポーツ業界は規制が十分でないものも多いうえ、監視システムも透明性や信頼性にはまだまだ欠けている。実質的には監視スタッフを当の大手メーカーが雇うこともあるというのであるから、問題が出るのは当然のことである。

そうした不備も重なる中、「ボール工場を去った子供たちは、今はカーペットを織っている」と述べる報道もある。児童労働そのものは、なくなってはいないのである。サッカー熱の世界的な高まりにより、パキスタンやインドばかりでなく、インドネシア、中国、ベトナムなどでも子供たちが「燃えるように痛い」小さな手でサッカーボールを縫いはじめている。もし家に何年か前のナイキのサッカーボールやサッカーシューズがあるなら、そこには「Made in Japan」や「Made in USA」ではなく、「Made in Indonesia」「Made in Vietnam」といった文字が書かれているはずである。中国のナイキの工場「Wellco」（ブラック・ジョークで "Well-company" の意味か？）で働くお針子の給料は時給十七セントていど、アディダスの工場「裕元」での時給は二一セント、インドネシアのお針子は日当で二ユーロていどである。この原稿執筆の時点で一ユーロは一六〇円ていど、そして週あたりの平均労働時間は60〜84時間ていどであるから、毎日10時間以上働いて一日あたりの報酬は三〇〇円ちょっとを受け取るだけ、といった計算になる。エルサルバドルなど、中南米の搾取工場 sweat shop の子供たちの日当も同じようなもので、例えば次のようなリストがある。

一四〇ドルのNBA用ナイキ製バスケットボール・ジャージについては二四セント。

NBA用ナイキ製ショーツ一組一〇〇ドルに対しては二一セント。

写真５－１　ナイキの工場で働く子供

Women in Slavery Nike's Sweatshops のサイト：http://www.feministezine.com/feminist/modern/Women-in-Slavery-Sweatshops.html

写真５－２　ナイキのシンボルマーク（奴隷制 Slavery との語呂合わせ）

Clean Clothes Campaign の HP：http://www.cleanclothes.org/urgent/01-06-20.htm

右に名を挙げた企業の経営陣（例えばナイキ社ＣＥＯのフィリップ・ナイトの総資産は二〇〇六年で七四億ドル）が毎年受け取るボーナスを一〇％ずつ削り、過剰な広告宣伝費を一〇％削るだけで即座に改善がはかられる金額である。必要なら、「シアルコット地域だけで年間約三〇〇〇万個」といわれるサッカーボールの販売定価やサッカー観戦料に、差し当たっては一〇円でも二〇円でも、「フェアトレード税」の金額を上乗せすればよい。

　インドネシアの場合、一九八六年以来シンガポール、台湾、韓国、香港そして日本の出資で経済特区にさかんに工場が建てられ、しかもその製品の輸出先はドイツ、アメリカ、日本なのであるから、今までにみてきた現状は特に私たち日本人には直接問題となることといえる。関連進出企業はナイキ、アディダス、C&A、それにAmazonに次ぐ世界第二のインターネット・ショッピング企業オットー通販などである。それら企業のインドネシア経済特区の工場での労働者賃金は法定最低賃金を下回り、労働時間は法定上限時間を上回っており、セクハラや監禁、減給、便所掃除などの虐待や懲罰も稀ではないという。産業革命期のイギリスにみられたWeighted（本書100ページ）とまったく同様な「立ちん坊」の折檻までみられるという。

インドネシアの法定最低賃金は、一般労働者の必要生活費の半分ほどの低水準に元々おさえられていることを考えると、あまりにも搾取的な超低賃金の上にワールドカップや世界のスポーツ産業が成り立ってきたということになる。先に挙げた「二ユーロていど」「十七セントていど」といった賃金は、広告費一〇億ドル以上、年間売り上げ一〇〇億ユーロ以上というナイキにしては、また年間売り上げ六五億ユーロ以上というアディダスにしては、やはり考えものの手当てだろう。ＩＬＯがいう「児童労働に向けてレッドカードを！」のスローガンは、貪欲で無神経で身勝手な企業（大人たち）が作り上げてきたこの世界が、実際にレッドカードを突きつけられてはじめて、スローガン以上の意味と実質性をもつことになるだろう。(3)

（2）ディズニーランドは夢の国？

ウォルト・ディズニー（一九〇一年～一九六六年）は、毀誉褒貶《きよほうへん》のはげしい人物である。世界中で大人からも子供からも愛され尊敬されるとともに、「戦争協力者」「反共主義者」「人種差別主義者」といった最低のレッテルを貼られて揶揄《やゆ》されることもある。「反共主義者」とは正反対に、「共産主義者《アカ》！」といわれてわざわざ釈明会見に引っぱり回されたこともある。

文献はいちいち挙げないが、本書筆者がみるところ、ディズニーは別段「何々主義者」でもなく、気弱でもあり善良でもあり、政治的なことに関わったり他人の悪口を言ったりするのは元来苦手で、自分の夢の世界のことしか頭にはなく、サッチモ（ルイ・アームストロング）のような性格の人物だったのではないかと思う。死の10年ほど前、ディズニーランド開設セレモニーのスピーチの際に、彼は「私はディズニーランドが人々に幸福を与える場所となり、大人も子供も皆いっしょに生命の驚異や冒険を体験し、そして何より楽しい思い出を作ってもらえるような場所になって欲しいと願っています」と述べている。彼の本来の人柄を偲ばせる発言だろう。ディズニーの発想や時代状況、アメリカの政治風土、彼の作品の中のふとした二匹の動物のしぐさなどを考え合わせてみると、「何々主義者」とレッテルを貼って毛嫌いして済ませられる人物であったとは、とうてい思えない。

しかし、そのディズニーがのこしたディズニーランドは、児童労働と関わって、今やディズニーの天真爛漫な人柄とは全くかけ離れた一面をもつに至ったと感じざるを得ない情報や報道が幾つかある。ここではその一部を紹介する。

最近のディズニー映画のヒット作といえば、実際のカリブ海の歴史を一般庶民の目から全く忘れ去らせてしまう「作り」になってしまっている『パイレーツ・オブ・カリビアン』であるが、そのカリブの海に浮かぶ小国ハイチには、ディズニーのキャラクター製品を生産する工場がある。搾取工場《スウェット・ショップ》の最も典型的な例といわれるもので、ここで働く労働者の受け取る時給は1時間当たり最高二八セント。12歳ていどの子供たちも朝早くからアラジンTシャツなどをせっせと縫わされている。できたシャツはきれいに包装され出荷され先進国のディズニーショップに送られてゆくが、ハイチの子供たちが働く環境は薄汚くみすぼらしい作業場である。稼ぐことのできる金額は、税金を引かれて手元に残るのが月にせいぜい十五ドルから二〇ドル程度、子供は大人の三分の一の賃金で、女の子はよくても時給二八セントという。食料品価格がすこぶる高価であるため、住むための粗末な小屋でさえも借りることは困難である。水道設備のない小屋を借りるのにも、ハイチでは月に二〇ドルは必要だからである。家庭によっては、子供たちは生活してゆくどころか、生きることすらままならないといった状態にもなっている。電力不足で冷房設備はもちろんいうまでもなく、換気扇もなく、水が貴重品のため洗面所利用は日に二回だけ、一日最高22時間労働という事例もあり、休みは九ヵ月間に三日だけという。平均労働時間は一日13~15時間である。

アジアの途上国でもまた、ディズニー製品製造のための工場が建てられており、二〇〇五年に「ウォルト・ディズニー社における児童奴隷労働 Child Slave Labor in the Walt Disney Company」を公表したフレデリック・コップは、「世界の奴隷労働のほとんどのものはこの10年間、アジアの中でつくり出された」と書いている。不満を言えばすぐ解雇、妊婦は雇われず、従業員の多くは10歳から30歳の子供か女性というのがお決まりの形である。ディズニーランド内のファストフード店で渡される「おまけ」のプラスチック玩具などを生産するのは、ベトナムにつくられた搾取工場である。こうしたキャラクター玩具は、マクドナルドのハンバーガーショップで子供向けのメニューの「おまけ」として人気をよぶこともある。この工場の従業員は、一日当たり10時間、一週当たり7日間働く。これは、平均的なアメリカ人のほぼ2倍の週間労働時間に相当する。さらに、有害物質によって病気にかかるなどの悪条件にも拘わらず、多くの人々は1時間当たりわずか十七セントしか与えられない。先にみた中国のナイキの工場「Wellco」と同じ金額である。二〇〇一年にアセトン被害で二〇〇人もの女性が病院送りになった際にも、換気対策や衛生改善規定の見直しはされなかったという。

ミャンマー(ビルマ)の例を挙げれば、さらにディズニー関連工場の問題点が一層はっきりとみえてくる。一九八四年から二〇〇五年までウォルト・ディズニー・カンパニーのCEOを勤めたマイケル・アイズナーが1時間に得た収入は一〇万二〇〇〇ドル、ディズニー社の総資産は五〇〇億ドル以上、それ対してミャンマーの工場でディズニー製品のために働いた人々が受け取ったのは、時給わずか六セントである。肉体的、身分的に奴隷でなくとも、十九世紀の思想家が「賃金奴隷」という用語で非難したイギリス国内の劣悪な労働が、世界に広まったとみて何ら差し支えはない。「少しでも貧しい人たちに職をわけてあげているのではないか」という意見もあるが、六セントと五〇〇億ドルの差を納得させるような意見ではない。電灯の消し忘れなど軽微なミスを含め、不行き届きがあると罰金は六〇セントから三五ドルなどという例があるとするなら、何をか言わんやである。

さまざまな訴えやアメリカ議会の働きかけもあって、一時は待遇改善の動きもみられるが、より低賃金で人の扱いも自在にしやすい中国にハイチの工場を移転するという「逃げ」の対策が取られただけであった。これはアイズナーが採用した経営戦略である。(4)

筆者の世代にもなじみの深い「一〇一匹ワンちゃん」のキャラクター・シャツや「ライオン・キング」のシャツを作るのはタイのバンコクなどの子供たちである。週72時間労働で、中国の子供たちの週60~90時間労働という数値と比べてみると、ディズニー社の経営方針の中でかなり明確な（そして冷徹な）コスト軽減戦略がグローバルに徹底されて指示されていたのではないかという思いが湧く。過重労務で気絶する子もいれば怪我をする子、病気になる子もいるが、健康保険も何の保障もないのは当たり前である。3章で名を挙げた中国広東省の深圳《しんせん》にある The Hung Hing Printing Limited Corporation ではディズニー関連の児童書も作られているが、プレス機での手の切断事故、感電死、製本機械での圧死などの例が報告され、「二〇〇四年度労働災害の多い企業トップ三〇」の第一位に選ばれている。日本の旅行会社ＪＴＢのホームページで、「中国南部、広東省の南端に位置し経済特別区として中国経済の発展に貢献した町。高層ビルが建ち並ぶ近代都市で、暖かくビーチリゾートが次々と開発され、観光開発も急ピッチで進められている」などと紹介され、中国では香港、マカオに次いで「所得が高く」、二〇〇三年の一人当たり国民所得は十三万六〇七一人民元（約一万六四三〇米ドル）という「優等都市」がこの深圳である。「優等都市」というより、「アメリカ型の特区」といった形容の方がふさわしいと思えるのは、筆者ばかりではあるまい。そのアメリカ型の経済社会が、過度に競争的で差別的で極端な格差社会という実体をもつことは、今ではかなり広く知られている。

ディズニー社は二〇〇八年現在に至って、同社ウェブサイトで以上のような問題に関わる良心的な対策を公表しているが、右に挙げた一つ一つの事例についての説明やコメントは見つけることができない⑸。

なお、ディズニー社は現在、世界最大級のメディア・エンターテインメント系総合企業として存在しているが、その影響が先住民社会やアメリカ以外の国家の文化や子供の思考の在り方に如何に決定的なネガティヴな結果をもたらす危険を孕《はら》んでいるかについて、アリエル・ドルフマンとアルマン・マトゥラールが『ドナルド・ダックを読む』というなかなか興味深い書物を著している。それによると、ミッキー・マウスに並ぶ人気者のドナルド・ダックとは「田園の中で夢のような生活を送ることを理想とする」主人公であり、生産や公害、両親との生活的な関わりなどとはまったく無縁のコミカルなキャラクターである。ドナルドの世界、ディズニーの世界には、「生産」や「生活」の実体は存在せず、モノは自然が自然に生み出すもの、人間はただそれを友情やチャンスやドタバタ騒ぎの中で手に入れればよいだけである。多くのハリウッド映画と同じように、価値のある富は地中に埋められており、テクニックやアイデアをもち、要領が良くて幸運な連中がそれを「発見」して金持ちになる。この世界には善人と悪人しかいない。そしてその悪人とは、私有財産制を侵す者、せっかく手に入れた既得権や特権を危うくする者、総じて今あるこの世界にやっかいごとをもち込む者のことである。騒動は、（現実にもママあることではあるが）素っ頓狂なジョークやケンカによって解決される。

思えば、「アメリカ独立革命の思想的恩人」としてわが国でも非常に評価の高いジョン・ロックは、「私有財産の絶対擁護」を唱え、そうした「個人の自由」を侵す権力者に対しては「革命権」すなわち暴力をもって抵抗する権利を主張していた。そのロックの言説は、普遍化され理想化されて、一般的に近代的な自由社会・市民社会の理想を保証する理論がロックによって説かれたかのように扱われている。しかし、実際にはロックは、イギリスの王政復古の論功行賞として国王チャールズ二世からアメリカ南部のカロライナに広大な土地を下《か》賜《し》されたアシュレイ卿をパトロンとした特権層で、自分を庇護してくれるアシュレイの土地を保持するための理屈を考え出した思想家（というより名文家の財産管理人）であった。アシュレイ卿をはじめ八人の領主 proprietors が手にしたカロライナの土地は、その後ただちに広大な米作・藍作奴隷制プランテーションとして、植民期・建国期アメリカ経済を導引する徹底した「近代人種奴隷制社会」として「発展」してゆくことになる。十九世紀初頭からはそのカロライナはイギリス産業革命と手に手を携えながら奴隷制綿作地の先頭をきって世界史上まれにみるほどの徹底した差別社会を展開し、そして結局はジョージア州や他の南部連合諸州と共に『風と共に去りぬ』の舞台となるのである。ただし、現実のアメリカ社会では奴隷制の伝統は「風と共には去らず」、南北戦争後ほどなくして「再建期」（民主化）は失敗、公民権運動の時代にはアラバマやテキサスと共に最も頑強な保守的政治風土を全世界に知らしめることになる。そして1章の（3）（南部化する世界）で述べた通り、アラバマといえば一九六三年、州知事に立候補し当選したジョージ・ウォーレスの選挙公約は「昨日も差別、今日も差別、明日も差別、永遠に差別だ！」であった。それは、筆者が生まれた後の時代のことである。日本に自由と民主主義の政体を教えたアメリカが、「常識」としての徹底した差別も主張していた訳である。一九八〇年代以後にはそうしたアラバマやカロライナを含むアメリカ南部諸州は全米的な規模でも政治的に完全な復権を果たし、保守合同のうねりの中で冷戦終結、グローバル化時代の現代に至って進化論の否定運動、宗教原理主義の鼓舞なども盛んに展開している。「不道徳な商人国家日本をバッシングする」ことも、原理主義教義の目的の一つであるという。こうしたアメリカ史の現実の一基幹を、ディズニー作品やハリウッド映画は、ほとんど何も伝えはしないのである。

本書は無論、単にそうした「永遠の差別」を説くような人たちを憎悪し排除することを呼びかけているのではない。また、奴隷制社会の歴史風土に生まれて様々な人間関係やプロパガンダや「常識」の中で「永遠の差別」の本来の問題を身近な問題として真剣には考えられなくなってしまっている人たちを単に哀れんでいる訳でもない。巨大な富を既に保有して世界に乗り出している多国籍企業の中にそうした人たちが皆無であるとは到底思えない現状を省みるなら、児童労働の問題を通して、そうした人たちのモノの見方を変える手立てはどこにあるかを導き出すことが一つの重点である。非暴力・不服従・直接行動運動の指導者マハトマ・ガンジーが何度も周囲に語った言葉の一つに「イギリス人を敵だと思って憎んではならない。彼らが悪なのではなく、（インドを植民地として発展を独り占めしようとする）彼らの考え方が悪なのだ。だから、彼らの考えを変えることで、我々は互いに必ず良き友人となれるのだ」という言葉がある。読者は、どうお考えになるだろうか？　ちなみに、インド＝パキスタン戦争の折、何億人もの異教徒同士が発狂したように戦火を交えて闘った時、断食という手段でたった一人でその戦争を非暴力で終結させたのがガンジーである。インターネット時代の現代、楽しげな商品広告や政治力・既得権のある世界企業の宣伝は当たり前のものとして世間にあふれているが、そうではないたった一人のサイトや著作の問いかけが、思いもかけない大きなうねりをもたらすことも、ないとはいえない。一九九八年にはじまったグローバル・マーチという児童労働廃絶の運動はそうしたものの好適な事例で、活動開始から10年、今では一四〇ヵ国のＮＧＯや労働組合、市民グループ、個人の参加を得て、数々の貴重な大きな成果を生んでいるのである。大いに参考とすべきであろう。(6)

6章　いまわしいものと子供の奴隷

（1）八〇万人の少年兵

子供は誕生日パーティーやお祭、記念日といったものが大好きである。しかし、世界には、子供たちにふさわしくない記念日も幾つかある。

毎年二月十二日の「レッドハンドデイ（Red Hand Day）」は、その中でも本来、最も子供とは縁遠いはずの記念日である。レッドハンドデイとは、本書裏表紙の写真にみる通り、赤い手の中に子供兵のシルエットを白く描いたシンプルな図案をシンボルとして児童の徴兵、軍事利用に反対することを訴える国際的な取り組みの行なわれる日のことをいう。

第五四回国連総会において6年がかりで採択された議定書（Optional Protocol to the Convention on the Rights of the Child on the involvement of children in armed conflicts）発効の日（二〇〇二年二月十二日）に始まった、ごく新しい記念日である。こうした記念日を国際社会が二十一世紀の今になってやっと取り決めたと知れば、ホモ・サピエンスの情けなさに誰もが愕

写真6-1　レッドハンドデイの催し（左：ジェノヴァ，右：ベルリン）

いずれも *Red Hand Day: A worldwide initiative to stop the use of Child Soldiers* の HP：http://www.redhandday.org/ なお，裏表紙カラー写真参照。

然とする思いだろう。というより、むしろ、現代の大人たちがつくりあげている世界が、如何に愚かで非道なものか、ということである。最大の責任は、兵器会社と武器商人、そしてそれらに利用されまたそれらを利用する政治指導者にあるが、世界中のすべての大人たちの責任でもあると認識しておいた方が良い。もっとも、議定書締結に至るまでの過程や修正内容についての議論を調べてみると、とりわけ先進諸国、国連常任理事国の軍事大国のエゴの罪状がひときわ大きい。

世界には今、およそ三〇万（ユニセフ推計）ないし八〇万人（「少年兵の従軍禁止を求める連合」の指摘、二〇〇三年）の子供兵士がいるといわれる。数値に開きがあるのは、西暦二〇〇〇年前後に少年兵が特にアフリカで激増しているにも拘わらず調査が十分には及んでいないからである。表6-1にはその一部を一覧した。

アジアではアフガニスタン、ビルマ（ミャンマー）、イン

表6-1　各国の子供兵の状況

アフガニスタン 約8,000人。戦闘兵力としてタリバン軍や北方攻略軍，その他あらゆる軍事集団の戦闘に関与。14～18歳の少年たちは，スパイ，伝令，ガードマン，料理人，武器弾薬の運搬の任務，塹壕掘り，負傷兵の探索，死体の埋葬などに利用。軍司令部組織の命令で，家内労働に徴用された女児が，強制的に司令官と結婚させられたりもしている。 インドネシア 子供兵総数は1,000人以上。紛争地帯（アチュ特別地域や東ティモールなど）では準軍事的グループやゲリラ部隊に多数の子供兵。1994年，失業中貧困層の青年・少年を集め，軍隊と地方当局が数千人の秘密兵力部隊を組織したともされる。子供兵は独立賛成派民衆の脅迫に使われた。児童への徴兵強要の事実が，子供兵士禁止運動グループの1999年の調査で判明。パプア地域では，少なくとも2,000人の男子が強制的に連行され戦闘員として養成された。負傷者は死ぬまで放置。兵士補充キャンペーンは1999年10月にはじまり，地方保安機関が2001年1月に補充策を強化。自由アチェ運動の部隊も同年11月に少年兵を補強，民間人に扮した兵士のトレーニングが行なわれた。子供兵がAK47ライフルを保持(ガーディアン紙)。 ウガンダ 1996年～97年，Kitgum 地区では12歳～15歳の子供2,600人が誘拐，LRA が Gulu と Kitgum 地区で7歳前後の子供たち1万4,000人を北ウガンダへ誘拐，その内2,000人（5,000人は逃亡，数千人は行方不明）を南スーダンのキャンプ場で戦闘兵として訓練。過去10年間で LRA はウガンダ，スーダン，コンゴの子供5,100人を誘拐，ADF は500人の子供兵士を雇うなど，子供を誘拐して兵士として扱う慣習が常態化。LRA だけでも1万800人の子供兵士がいると推定され，これは LRA 兵士の90%を占めるとも推測される。子供兵なしには戦闘部隊が成り立たない。LRA は武器と子供たちを交換売買。記録されている2万6,000件以上の誘拐のうち3分の1は18歳以下の子供（2001年国連報告）。子供にも扱いやすいカラシニコフ銃が出回っている。 エチオピア エリトリアとの紛争において子供兵士が軍のメンバーで大きな比率を占めるに至っている。

エリトリア

エチオピアに対する独立戦争で児童兵を利用したことを公認。1998年以降，児童は国境紛争での劣勢挽回のために兵士として徴用された。2000年12月の和平協定に調印してからは，児童を含む新兵士徴募の報告は未確認。

エルサルバドル

法的には徴兵制度は18歳以上に適用ながら，1980年から始まったエルサルバドル内戦時は国軍と反抗勢力 FMLN の両軍に18歳以下の青年が強制的に戦闘員として参加させられ，死者も多数にのぼった。

グルジア

18歳未満の徴兵を禁じているがアブハジア紛争の際，軍の兵力増の必要性が一段と高まって18歳以下の児童の徴兵が行なわれた。グルジア政府は2001年の段階で18歳以下の徴兵には言及していないが，事実上認めているものとされる。

コンゴ

「生存のための戦い：コンゴ民主共和国の武力紛争における子供たち Struggling to Survive: Children in Armed Conflict in the DRC」という報告書によると，少なくとも3万人の少年・少女が戦闘員や部隊の慰安婦・雑役使用人として働かされている。1996年～1997年の対モブツ戦争の際には，政府軍と共に戦った子供は1万人。数十億ドルの金額を投じて，武装解除や戦闘部隊の解体，少年兵の社会復帰を促進しようとする国際的な取り組みがあるにも拘わらず，子供兵を対象とした改善計画の効果は出ておらず，再徴用や様々な不法行為の問題が蔓延している。小型・軽量武器が大量に出回り，子供たちはその銃器の加害者にも被害者にもなっている。

Thalif Deen, *RIGHTS: Despite U. N. Force, Child Soldiers Multiply in Congo*

http://ipsnews.net/news.asp?idnews=33026

シエラレオネ

戦争の最前線に子供兵を利用。暴行・威嚇を受け，誘拐され強制的に兵士にされる子供が多い。子供の兵士の割合は50％を超える。革命統一戦線には約3,000人の子供兵。革命統一戦線は各地の村を襲い，捕らえた子供にマリファナなどを投与して興奮させ，死の恐怖をなくし，前線で戦う戦闘員に利用。10代前半の子供も多く，強姦された後に兵士にされた女子も多い。2000年，市民防衛軍と軍事革命評議会は子供を戦闘員として利用するのを終結する宣言に署名。しかし，復員する子供は少なく，18歳以下の戦闘員を復員させるという政府の約束にも拘わらず，最近でも多くの子供の兵士を徴用。たとえ解放されたとしても，子供たちは麻薬中毒であったり，親が見つからなかったり，社会的差別を受けることも多い。

シエラレオネが抱える問題：http://www2.odn.ne.jp/~had81460/p1problems5.html

ジブチ

兵役は志願制であるが，資料は乏しく，18歳未満の少年兵の実態については詳細は分からない。かつて，内戦があった頃には多くの青年兵と児童兵がいたとされる。

ソマリア

ソマリアでは，12歳～13歳くらいの子供たちまでが戦場に送り込まれているという。小銃だけではなくバズーカや対空機関砲が使われ，第二次大戦時にドイツ軍やイタリア軍が用いた，博物館に入るような古い武器も特に南部の町で使用されている。ソマリアでは長年にわたり，内戦や他国の軍事介入による紛争に加え，洪水や干ばつによる食糧不足や病気の発生が重なり，４人に１人が５歳までに命を落としている。

黒柳徹子のソマリア報告：http://www.inv.co.jp/~tagawa/somalia/somalia.html, Unite for Children

世界の子供たち：http://www.unicef.or.jp/children/children_now/somali/sek_somali_01.html

ソロモン諸島

ウェザーコーストとして知られている荒れたガダルカナルの南沿岸に沿った貧しい村から，300人ないし2,000人と見積もられる多くの戦闘兵が徴募されているといわれており，その中には，12歳～17歳の少なくとも100人の児童兵士たちも含まれている。

タンザニア

兵士の中には15歳～17歳の少年も含まれる。

中央アフリカ

ダイヤモンドを豊富に産する国であるが，５歳～14歳の子供の55％が児童労働に携わり，国民の９割は１日２ドル以下で生活する最貧国で，2001年～2003年の紛争中に政府や反政府軍に少年兵が存在したという。

トーゴ

児童売買やトロコシ制度（本書117頁）が大きな問題となっている国で，国産品の95.6％を7歳～17歳の子供たちがフルタイムで生産しているとも伝えられる。政府軍は18歳以下の子供たちの徴兵はないとしているが，実際には6歳～18歳以下の子供たちも兵舎で労働させられている。また，反政府武装グループが青少年を兵士として引き入れていることも報告されている。

ナミビア

少なくとも3,000人の子供たちが子供兵として徴用され，14歳の女の子がアンゴラ戦の軍隊に入隊したという記録もある。

ネパール

トレーニングを除く実質的な徴兵は公式には18歳からとなっている。しかし，毛沢東主義者（マオイスト）反乱軍などの反政府組織は2002年から2006年の間におよそ2万2,000人の学生を誘拐したとされ，14歳～18歳の子供も戦闘に駆り出されている。

JANJAN News，2007年11月10日「優れた兵士」として徴用され続ける子どもたち：http://www.news.janjan.jp/world/0711/0711045170/1.php

東ティモール

ILO の報告によると2000年には10歳～14歳の児童労働者の数は4万4,000人でこの年代の36.25％にあたる。主な労働の内容は性産業と兵役である。西ティモールの難民キャンプにいる10歳～18歳の子供たちを1,000人以上連行し，武装させて兵士として使ったり，誘拐してきた子供たちを都合のいいように教育して洗脳する事例が挙げられている。また，独立賛成派と統合賛成派の戦争では両軍が子供を武装させて使っている。

季刊・東ティモール　1号

http://www.asahi-net.or.jp/~ak4a-mtn/news/quarterly/number1/children.html

ブルンジ

コーヒー産地であるが，経済は不安定で大衆的貧困は累積しており，兵員確保を目的とした子供の人身売買が報告されている。軍隊に入れられた子供は，スパイや戦闘員として扱われている。ILO の調査では，その内の94％の子供には賃金らしい賃金は支払われず，恐怖や人格破壊以外の報酬はない。子供たちには拒否する余地はなく，「平和維持活動」

の名目で軍役に強制的に参加させられたりしている。2005年の6月には子供の兵士は解放されたというが，どの程度の内容のものか詳細は不明である。

ベラルーシ

1986年のチェルノブイリ原子力発電所事故が発生した南東部では，当時，外で遊んでいて多大な放射能被害を受けた子供たちの3人に1人が甲状腺ガンに冒された。2004年度の18歳以下の子供人口は156万人。奴隷的強制労働は憲法では禁止されているが，例外規定があり，国家の緊急事態や裁判所の許可が下りれば強制的労働または強制的徴兵は児童にも適用されるという。徴兵制度は男性の18歳〜27歳の義務，女性は志願制となっている。徴兵期間は18ヵ月であるが，高等教育を終えてからであれば1年間の徴兵である。

マケドニア

10歳〜14歳の間の0.02%の子供たちが児童労働に従事，人身売買が深刻な問題となっている。マケドニアでは毎年，8,000人〜1万8,000人の女性と女児が国内で，または国外で売買されると見積られている。国内の武装勢力に少年兵が徴用された例は見当たらないが，14歳〜18歳の子供たちの中には海外の武装グループに少年兵として送られた記録がある。

モザンビーク

アンゴラと並んで内戦によって多くの児童兵が生まれたことで知られる。ポルトガルからの独立後1976年から1992年まで16年間内戦が続き100万人近くが死亡，5歳以下の幼児は3分の1が命を失ったとされる。誘拐された子供のうち28%は兵士として訓練を受けさせられ，反政府組織「モザンビーク民族抵抗運動（RENAMO）」に6歳以上の子供9,000人が参加したといわれる。きわめて多くの少女たちが従軍慰安婦にされたともいう。

Honwana, Alcinda, *Child Soldiers in Africa* (Univ. of Pennsylvania Press, 2005).

Mozambique Child Soldier Life Outcome Study : *Lessons Learned in Rehabilitation and Reintegration Efforts* : http:/www.forcedmigration.org/psychosocialpapers/Boothby_Mozambique_paper.pdf

モーリタニア

現代世界で最も多くの奴隷を抱えた国で奴隷総数は1993年で100万人を超える，などとも伝えられる国で，誘拐や人身売買が横行している。しかし，実態が最も掴みにくい国の一つであるともいわれる。徴兵は18歳からとされているが，16歳の志願兵が多い。

ラオス

軍事政権下，強制的な新兵募集が実質的には15歳だとする指摘が幾つもある。武装抵抗集団との戦争や児童も加わるの国内紛争があり，様々な軍事集団によって児童新兵の募集が行なわれている。政府軍においても，最年少の正規の兵士が15歳であるとみられている。

レバノン

動乱続くパレスチナの中で，14歳～16歳の少年少女が数々の武装集団によって徴兵され，自爆攻撃の訓練を受けたり，スパイ，伝令，そして戦闘員として訓練されている。マニラ，リオデジャネイロに並ぶ公然たる人身売買ルートもあるという。

主に Globalmarch のネットサイト *Worst Forms of Child Labour Report 2005*: http://www.globalmarch.org/worstformsreport/world/index.html，その他表中の諸文献，サイト資料より作成。紙幅の都合で，全ての国を網羅した訳ではない。

ドネシア、ラオス、フィリピン、ネパール、スリランカ（セイロン）、アフリカではブルンジ、ソマリア、シエラレオネ、スーダン、エチオピア、チャド、ウガンダ、ルワンダなどが挙げられ、日本の新聞に名前が出ると必ずといってよいほど、紛争や内乱と結びついて貧困の実情が報じられる国ばかりである。中南米ではテロ集団とされる「輝く道」（センデロ・ルミノソ）の少年兵が処刑された、といった記事も時々見かける。「輝く道」の創設者グスマンは確か国立大学の社会学の元教授で、インディオ虐殺の歴史と現に進行中のアマゾン「開発」に伴う先住民掃滅の政策を知って「テロ軍団」を組織したといわれているが、そのテロ集団のメンバーにとっては恐らく、貧困解消の問題だけでなく、部族そのものの存立や何百年もつづいた民族の歴史と文化の破壊に対する憤りが関わる問題としてテロ活動がある。テロが良いといっているのではなく、そうした問題を歴史的な観点や文化の存立・共存の意義から謙虚に深く考えて誠意ある対応を実行しなければ、テロ根絶への道はないということである。もっとも、謙虚さなどとはまったく無縁に、同化を強制する、村ごと焼き払う、保留地に押し込める、部族ごと滅ぼすといった選択肢が選ばれてきたのが実際の近現代史の大方の流れではある。

ところで、筆者の父母は20歳前後に第二次世界大戦を体験した世代であり、幼い少年少女までもが兵士になるということに関しては、今の世代の若者たちよりは他人事ではないという感慨がある。父は大学を一年繰り上げて学徒出陣、母は女学生時代に長刀《なぎなた》と竹槍でB29型爆撃機やグラマン戦闘機をむかえうつ訓練をしたことがある。父母の時代には、太平洋戦争は日本の国家存亡の危機に関わる戦争と認識されていた。父は戦病兵となり帰還、母は何度かの空襲や敗戦直前の大阪大空襲を生き延びて、筆者はこの世に生を受けることができた。父母は少年兵・少女兵というわけではなかったが、両親とも20歳そこそこの若い時分に国家存亡の戦争に関わり、命からがらの体験を積んでいたという事実に関わっては、やはり歴史家として思うことは多い。

世界商品の歴史研究を長く専攻し、この本の原稿を書き溜めてみると、第二次世界大戦のそもそもの原因は、十九世紀末以来の武器・兵器という世界商品の過剰生産や競争的販売戦略も大きく関わる問題ではなかったかという基本的な筋道に対する思いが当然、強くなっている。戦争が始まって以後はナチズム、ファシズムと同盟した日本が近隣アジア諸国に多大な惨禍をもたらしたことは確かであるが、ここで問題としているのは、そうした惨禍のそもそもの根底にある経済史的・商品史的な淵源・動因のことである。大戦の原因を考察した文献は無数にあるが、両次大戦戦間期の世界の兵器取引の歴史を個別の企業経営史も視野に入れて分析した本格的な研究は案外少なく、ヨーロッパ、アフリカ、アジアにおけるナショナリズムの沸騰やドイツ、イタリアのナチズム、ファシズムの形成、その政策動向、民族問題、外交関係、そして日本の国粋主義とアジア政策の動向や右翼民族主義思想の展開を中心に扱ったものが圧倒的に多い。それはそれで貴重な意味をもつが、アジアならアジア、ヨーロッパならヨーロッパにおいてどの兵器メーカーがどのような経営戦略を展開し、どのような人脈や販売交渉過程でどれほど多くのどんな種類の兵器を売りつけたのか、そしてそれらがどのように消費されどれほどの利益を生んだのかといったことは、案外よくは分からない。連合国指導者層と兵器メーカー、武器商人の具体的な関わりについても、不分明な点は少なくない。連合国側のスパイとして中心的な働きをしたあるスペイン人諜報員が、臨終のベッドの上で日本のジャーナリストの取材に対して「要するに、だまされてはいけないということだ」と述べたことがあるそうだが、その「遺言」の本当の意味は明白ではない。世界中を戦渦に巻き込み、二〇〇〇万人以上もの死者を出した世界戦争と兵器産業の関連は、一体どういうものだったのであろうか？

そうした素朴な疑問を少しでも解き明かそうと思って、例えばインターネットで「American Fascism Prescot Bush」「Fascism in Canada」といった複合語検索をしてみると、すでに第一次大戦時に米軍兵器装備の四割を独占したというコルト社とブッシュ前アメリカ大統領の祖父との関わりやカナダにおけるファシズム隆昌の歴史などがみえてくるが、まとまった研究書は多くは見当たらない。Scull and Bones という怪しげなカルト的集団とアメリカ大統領、有力政治家、巨大軍需企業との密接な関連なども浮かび上がってくる（二）。ヨーロッパにおいてはナチス経済を支えた企業群に融資を取りもち、アウシュビッツに毒ガスを提供し続け、中近東においては極右シオニストを支援したといわれることもあるプレスコット・ブッシュが岸信介（戦中には日本の商工大臣）と一緒にゴルフを楽しんでいる写真がのこされており、岸の孫である安倍晋三・元首相がプレスコットの孫のジョージ・ブッシュ前大統領と会談した折にその写真を贈呈しているが、岸とプレスコットの接点は大戦後はじめてのものといえるのかどうか……。疑問や不審は色々と湧く。過激な民族主義者や対立の激しい地域に膨大な武器を売りつけ、ヨーロッパに導火線を引き、中近東に紛争の種を巻き、アジアに動乱を呼び起こしたのは、実はコルト社やクルップやヴィッカースやグラマンであり、その影で兵器販売の交渉を取りもった政治家やフィクサー、政商ではなかったのか。

ともあれ、兵器メーカーが動乱を作り出し、戦場となった国々で一般市民や子供たちが最大の被害者になるという構図は、すでに十八世紀以来の「死の商人」（武器商人）が実際の歴史の中に植えつけたものである。読者自身が、大手の兵器メーカーの重役であったなら何を考えるかを想定していただきたい。その先例はすでに初代ロスチャイルドの国際金融戦略に萌芽がある。ロスチャイルドは相次ぐナポレオン戦争の際、イギリスにもフランスにも巨額の貸し付けを行ない、英仏どちらが勝っても敗戦国が支払う賠償金から利益を上げるという戦争商売の方法を思いついたといわれる。戦争で儲かる鉄鋼会社や化学工業に莫大な出資を行なったのも当然である。十九世紀には「死の商人」とはじめて呼ばれたザハロワがもっと露骨な「戦争作り」の商売をはじめた。「北アフリカへ渡って、ある村で新式の機関銃を手当たり次第ぶっ放してやった。たちまち大規模な部族闘争だ。両方の部族に、飛ぶように武器が売れた」というのがザハロワの証言である。ロスチャイルドやザハロワ以後、兵器会社や武器商人がそうした策謀を一度もくり返さなかったとみるのは、残念ながら不可能である。そのことはアフガン、イラク戦争という現代に至るまでむしろ大規模国際紛争の当たり前な下地になっているとみておいた方がよい。本書では、コンドリーザ・ライス前アメリカ国務長官が取締役であったシェブロン社がナイジェリアや南米でそうした構想に近い政策で石油採掘を行なっている事実について既にふれた。日本の「テロ特措法」で買われることになった「商品」がシェブロンの石油だったという報道もあることに鑑みると、誰しも「なるほど」と思うはずである。(2)

さて、そうした「つくられる戦争」の中で、途上国では子供の奴隷や子供兵が増え続けている。子供奴隷、子供兵激増の背景要因としては人口の激増と子供人口の比率の高まり、偏った急激な近代化や先進国の身勝手な開発経済政策の押し付けによる極端な貧富格差の広まり、農村破壊による家族と共同体組織の壊滅、戦争・飢饉・貧困の連鎖による難民と孤児の激増、武器の小型化と資源略奪のための世界企業の戦略といったことが考えられる。地域によっては、これにイスラム教の同化共存主義の弛緩や森林、コモンズの消失、冷戦体制崩壊による民族間紛争の激化などが大きな比重を占める。しかし、少年兵の激増の原因ということであれば、何といっても武器の小型化が決定的な意味をもつ。小型火器で特に目立っているのは、ロシア製やイギリス製、フランス製である。ごく最近では中国製も多い。

第二次世界大戦後半に実用化された銃身の短いアサルトライフルなどは軽量コンパクトでフルオートの連射も可能なため、小さな子供でも容易に扱うことができる。弾丸の火薬や麻薬を深く切り裂いたこめかみに詰め込んで子供を洗脳しさえすれば、子供は平気で銃を撃ち、命令とあらば殺した敵の内臓を食べるようなことまで平然と行なうそうである。少女兵の場合は性的奴隷とされて赤ん坊を抱えた「中高生」も少なくはない。退役したり人権団体に救出されても軍隊以外の生活を知らず、家族のことさえ理解できず、「当たり前な生活」が成り立たない。何より、心理的トラウマもあって、再度戦地に帰る者が跡を絶たない。キリスト教団体が慈善救援を行なったりもしているが、博愛は継続的で実効性のある政策や枠組みづくりにまでは至らず、教会を出てからは行くあてもなくやはり戦地に帰る子供が多いという。(3) 筆者は本書執筆の過程に行なったインドでの調査で、元奴隷の少年の証言を聞く機会があったが、6歳で誘拐されて遠くの州に売られ、10歳で救出されて故郷に帰っても、方言が十分には理解できず、家族との間でもコミュニケーションが取れずに結局は家を離れることになったという（本書254頁以下参照）。戦場に送られた子供の場合、トラウマはそれ以上に深刻な影響を与えることがあるだろう。(4)

パレスチナ紛争やイラン＝イラク戦争、一九九三年から二〇〇二年までつづいたシエラレオネ内乱などでの子供兵の使用は比較的よく知られている。ある少年兵は戦闘で捨て身の地雷除去をさせられたり大人の兵士の盾の役割をさせられ、別の少年は荷運び、スパイ、メッセンジャーなどを命がけでさせられたという。少女が性奴隷になることについては既にふれたが、同性愛を強要される幼い少年たちも多数に及ぶ。

二〇〇七年七月の時点で、世界のおよそ四〇ヵ国に少年兵がおり、その内の二〇ヵ国以上で子供たちは戦闘への直接的な参加者であるという。彼らはみな、遊んだり学校へ行ったり親に甘えたり友だちとケンカをして仲直りをしたりという幼年時代を奪われた上、いきなり厳しい訓練と冷酷な現実を突きつけられて「敵を殺すか殺されるか」の単純で極端な判断状況の中で育っている。大人から無条件な優しさを与えられたことがないため、優しさとはどういうものかが分からない子供までいる（Groud, Gilbert G. “Child Soldier in the Ivory Coast”, 2007)。

ミャンマーでは12歳から16歳の多数の子供たち（およそ七万人か）、ラオスでは15歳の子供たちが強制的に政府軍に徴用されたことが判明し、世界の非難を浴びたが、7歳、8歳の兵士が海外援助隊員を射殺した、といったニュースも知られている。内乱の続く途上国で児童支援をしている活動家などが「少年兵に銃を突きつけられて危うい思いをした」といった証言をすることは決して少なくはない。(5)

正確な数値とは思えないが、ネパールでは六〇〇〇人〜九〇〇〇人の子供兵がネパール共産党軍に配属されているという。フィリピン新人民軍やモロイスラム解放戦線（ＭＩＬＦ）の兵士の内、子供兵はおよそ十四、五パーセントといわれる。ユニセフ調査は、スリランカでは二〇〇一年から二〇〇五年までに五六六五人の子供たちが誘拐され反政府組織で戦闘員に組み入れられたというが、判明した誘拐事件は恐らく実際の三分の一ていどであろうと推測されている。スリランカ国内のある部隊は、少年兵の比率が圧倒的であるために「赤ん坊大隊 Baby Battalion」とニックネームが付けられている。

中南米の実情に目を向けてみると、ボリビアでは14歳の少年兵が登録され、コロンビア兵のうち一万一〇〇〇人〜一万四〇〇〇人は子供兵という調査がある。左翼ゲリラ・グループも右翼組織も子供たちに対しては同罪である。ヒューマン・ライツ・ウォッチによると、コロンビアのおよそ八〇％の幼児戦闘員は、二つの左翼ゲリラ・グループ、ＦＡＲＣまたはＥ

LNのうちのどちらかに属している。キューバでは男女とも17歳で徴兵され正規軍になるが、治安の悪いハイチの奥地などの実情は正確には分からない。

アフリカやアジア、中南米の話ばかりでなく、チェチェン紛争の際に、チェチェン独立派軍は多数の子供兵（少女部隊を含む）を戦闘に向かわせたという。伝えられるところでは、チェチェンの子供兵は成人の戦闘員と同じ仕事を任せられて、最前線で軍隊に加わることを課され自爆攻撃に参加したという。ボスニア＝ヘルツェゴビナでも少年志願兵の報告がある。いずれも、つい数年前、私たちの目の前で起こったヨーロッパ世界の現実である。ヨーロッパの歴史では「少年十字軍（一二一二年）」が有名で、特段の扱いで歴史年表に名前を刻んできたが、多くとも数千人の規模であっただろう。中世ヨーロッパでは、貧民が「少年」と軽蔑的に呼ばれる習わしもあったことを考えると、もっと少なかったことも考えられる。今は数十万人の少年兵も当たり前で、それがやがては特段の扱いは受けなくなってしまうのかもしれない。しかもその陰には、「聖地回復」などという高邁な動機との関わりは微塵もなく、先進国の資源調達企業や兵器産業の営利が見え隠れしている。先進国の企業のあり方や外交の倫理が即時に問題視されてよいのは当然である。

（2）臓器を盗られる子供たち

イスラム諸国のうち、ジブチ、レバノン、サウジアラビアなどの事例を調べてみると、子供たちが人身売買、臓器売買の犠牲になり、少年兵・少女兵も稀ではない実情が浮かび上がってくる。多くの少女がストリートで物売りをするのに使役されていることも知られるが、関連資料の原文に「vending」とあることから自動販売機のような、要するにモノとしての扱いが感じられる。ヨルダンは特に家父長制的権威主義の弊害が未だに濃厚で、例えば、幼なじみの青年と結婚したいと父親に告げた少女が叔父にガソリンをかけられ火を放たれたといった時代錯誤の理不尽な虐待が知られている。女性が結婚問題に口出しすることや自由恋愛は「もっての他」の不届きなこととして、未だに抑圧されているのである。(6) レバノンなどでは、平均して子供たちの四割は一日につき10～14時間働かされ、賃金らしい賃金はほとんどもらってはいないという。

サウジアラビアでは強制重労働、児童売春、内臓摘出のための誘拐がモスク近隣の繁華な広場で半ば公然と行なわれ、ベイルート、マニラ、リオ・デジャネイロにある「奴隷市場」で「自由に」人身売買が行なわれていると書く資料もある。その人身売買される犠牲者の数は、世界で年間六〇万～八〇万人に上る（アメリカ国務省、二〇〇四年統計）。この数には、貧困等から仕方なく売春に身を落とす少年・少女は含まれていない。一九七六年度の国連奴隷制作業部会のノルウェー委員会の報告では「少なくとも一〇〇万人」、国際労働機構（ILO）が同年5月に発表した調査報告書では「少なくとも、二四〇万人は人身売買の犠牲者」とされていて、実数は誰にも摑《つか》めないのが実情である。人身売買業の市場規模は三二〇億ドルとみる国連資料もあるが、(7) これも確かな数値とは言い難い。ちなみに、この三二〇億ドル市場に対して、二〇〇六年、アメリカ政府が世界七〇ヵ国の人身売買防止計画に支出した支援金はおよそ七四〇〇万ドルである。

石油メジャーとの結びつきによって莫大な富を蓄積し、王制の維持、イスラム法の堅持を基本方針とし、国王が閣僚会議を主宰、重要ポストはすべて王族が占めるサウジアラビアは貧富格差が大きく、児童労働に関しても特に問題の多い国であるとされている。バングラデシュ、タイ、インド、ベトナム、インドネシア等から売られた女性が性的搾取を余儀なくされている。外国人犯罪組織が奴隷として子供を買い付け、広場で物乞いをさせる事例もある。ラクダのジョッキーとして誘拐された幼児が奴隷にされ、賭博レースに出されているのはニュースに取り上げられたこともあり邦語文献でも若干の紹介がある。(8)

人身売買では子供たちは身柄をそっくりそのまま売られるが、更に冷酷なのは臓器売買のケースである。臓器を盗られる子供たちの信じ難いような悲惨な実情の一端は、以下の通りである。

子供たちは東南アジア、あるいは中国の雲南省まで「産地直送の荷物」として運ばれて行く。人体をバラバラに解体し、臓器移植用の臓器として冷蔵空輸するのは技術的に極めて難しい。しかも非合法な内臓売買であるから荷物チェックの際に問題とされることになり、人体を解体して空輸する事は不可能に近い。そこで海外旅行や養子縁組やメッカ巡礼を装って子供は生きたまま「産地直送」される。子供は目的地に着くと手足を縛られ腹部をメスで切り裂かれ、全て内臓を取り出され、待ち構えていた病気の金持ちたち（ほとんどが多国籍企業の重役や経営者たちという）に臓器を移植される。もちろん子供は、その場で苦しみながら死ぬ。必要な臓器を取り出すことと金儲けが目的であるから、麻酔がかけられるようなことはほとんどない。殺してしまう子供は「臓器の一部」、しかも「余分な廃棄部分」としかみなされず、麻酔のコストなどは節約される訳である。子供の死体は強硫酸などで溶かされ下水に流すか、焼却されて土に埋められる。まさに闇に葬られる訳で、警察も国際調査組織もなかなか手がかりさえ掴むことができない。アリストテレスの時代から「奴隷は家畜同然」といわれてきたが、この場合は子供は生き物とさえみなされていない。カネに目のくらんだ人種差別主義者やカネに糸目をつけない大金持ちたちは、自分の利益や自分の命のためなら、こうしたことを平気でビジネスにしてしまうのである。中国やブラジルやフィリピンなどには、先進諸国の医療・製薬機関向けの臓器密輸のかなり大がかりな組織もあるといい、今や

子供の臓器までもが忌まわしい世界商品となっているのである。(9)

（3）ペドフィリアとポルノ産業

児童ポルノの情報発信が野放し状態にされている国として日本は夙《つと》に有名であるが、世界の現状には私たち日本人の想像を絶するような残酷な仕打ちが児童ポルノや児童買春に関わって存在している。朝鮮戦争、ベトナム戦争を契機に既に一九五〇年代からさかんになったといわれている「セックス・ツーリズム」がその一例である。

戦争には従軍慰安婦の問題がつきもので、東南アジアに長く駐留したアメリカ軍基地の周辺、韓国、台湾、タイ、フィリピン、スリランカなどの歓楽街で「安く買える売春婦」が流行した。従軍したアメリカ兵には「Rest & Recreation」（R＆R、休息・レクリエーション）休暇が与えられることになっており、多くの兵士は買春の絶好の機会をその休暇に求めた訳であるが、戦争終結後にはアメリカに帰国した兵士たちを顧客にアメリカやヨーロッパの旅行業者が買春ツアーを企画、企業間競争の中でさまざま過度な刺激を盛り込んだパッケージツアーも組まれて、その中に児童買春といった変質狂的な買春形態も盛り込まれていったのである。日本の旅行業者の中にも、そうした企画に絡んだ会社があったという。幼児性愛嗜好（Paedophilia, pedophile, paedophiles, 小児性愛症者、小児愛好者）や同性愛嗜好のマニア向け雑誌に広告まで出され、どこで幾らくらいで子供を買うことができるかといったことが紹介された。儲けは子供たちが暮らす国や歓楽街の収入を増やすことはほとんどなく、大方は特権層や先進国の旅行会社の懐に入っていった。タイの場合、一時は年間総輸出量の四分の一にも達するほどの金額が、そうした売春・風俗関連の産業で動いていたともいう(10)。

マニアの間でツーリズムが評判になると、アメリカだけでなくドイツやオーストラリア、そして日本などからの買春ツアーも目立つようになっていった。ペドフィリアの中には、Paedopile Information Exchange（ＰＩＥ、一九七五年創設）や The North American Man/Boy Love Association（ＮＡＭＢＬＡ、一九七八年創設）、Rene Guyon Society といった秘密結社を組織する者もあり、アジアではどのようにして子供を買うのか、万が一逮捕された場合の逃亡手段はどのようなものか、といったことをマニュアル化までしているという(11)。

こうした実情を調査したドキュメントが幾つかある。そこで紹介されたロサンゼルス市警の秘密捜査官の元にかけられてきた、あるペドフィリア（Ｐ）と捜査官（Ｉ）との電話のやりとりは、以下のようなものである。

Ｐ：10歳の子供を抱きたいんだが。

Ｉ：10歳の女の子か？

P：そうだ、その通り。ただ、できれば8歳か6歳の子が欲しい。

I：10歳の子を紹介するつもりだったんだが。もっと幼い子を手配できるかどうか、ちょっと探してみるよ。

P：そりゃ、いいぜ。

I：任せてくれ。で、セックスしたいんだろ？

P：当たり前だ。その子とハード・セックスがしたい。

I：猛烈にハードなやつだな？

P：そうそう。どんなことでもできるんだな？

I：ああ、何だってお望みのことができるぜ。

P：俺と寝たあとで、その子は死ぬんだぜ。

I：あんた、小さな女の子を殺したいのか？

P：その通りさ！　その子が死ぬ時、どんなことが起こるのか、見てみたいのさ。

I：それじゃ、死体の始末をどうするか、考えといてやるぜ。

P：やったぜ！　で、幾らでやらせてくれるんだい？

幸い、この男は逮捕されたようであるが、アメリカの警察当局は毎年何万人もの子供たちがこうした異常な犯罪者の連中によってポルノグラフィーや強姦、アダルト・ビデオの餌食にされていると確認している。北欧からは毎週、コンテナに積まれて大量のポルノ雑誌がアメリカに送られていることも把握している。一九八九年二月、コペンハーゲンのJ・ジェンセンというポルノショップのオーナーがマサチューセッツに一〇〇トンもの児童ポルノ雑誌を輸出しようとして、ボストンで逮捕され拘留されたといった事例もある。他にも多数の摘発事例があるが、当局の認識では、「摘発されているのは氷山の一角」にしか過ぎない。パソコンやインターネットの普及で、CD－ROM形式の児童ポルノの配布やネット経由の閲覧も、ほとんど無法状態のまま拡散している。すでに一九九八年、一月第一週だけで四万のニューズグループの内の二八〇は児童ポルノ専門のウェブサイトで、六〇五八枚の児童ポルノ写真が掲載されていたとの調査報告もあるし、二〇〇三年にFBIが二つの有料制児童ポルノサイトをサンプル調査したところ、その二つのサイトだけで七万五〇〇〇人もの有料閲覧があったという。

インターネットの情報や感性には無責任や軽佻浮薄の伴うことも多く、こうした児童犯罪はおそらく今後も激増に向かうと考えられる。筆者の知るある若い大学講師の研究室では、首を切られて殺された小学生の事件がネットで報じられた時、「殺し方がまだ生ぬるい」などというメールのやり取りをその講師と大学生が行なって興じていたことがあり、幼い子供が常軌を逸した犯罪の犠牲者になったという事実に対するデリカシーやセンシティビティーなどは欠片《かけら》も感じられなかったが、そうした講師は学生には「気安く話せて気楽に遊べる先生」として人気が高くなっているのである。ペドフィリアたちが犯罪を犯したとしても、概ねどの国でも刑罰はすこぶる軽微であり、刑務所内の待遇も常識では考えられないような手ぬるさがあるのが実情である。幼児や子供を被害者とした犯罪が激増している昨今の日本の実情も振り返れば、児童ポルノ犯罪の野放し状態は、「表現の自由」や「個人の自由」としては認められる余地のないものとして、国際的な規制や監視、厳罰化が急がれるべきだろう。(12)

(4) 現代世界の奴隷船

新聞報道で既にご存知の読者もあるかも知れないが、二〇〇一年四月、西アフリカのギニア湾で或る船舶が「現代の奴隷船」として国際的な物議を醸《かも》した。(13) 沿岸諸国が自国の港にこの船舶が寄港するのを禁止したため、一週間にわたって船は近海をさまよい、結局は出港地ベニンのコトヌーに帰還した。出港記録を調べると船には10歳から14歳の子供ばかり二二七人が乗せられていたはずであったが、当初二二七人だったはずの子供はたったの二三人に減っていた。残りの二〇〇人は海に捨てられたのではないかといわれている。

その後調査がすすみ、船に積まれていた子供たちはコートジボワールのカカオ農園に売られて送り込まれる途中であったことが判明した。3章でみたカカオ農園の悲惨さは、こうした奴隷貿易船による人身売買によって成り立つものであったことが分かる。既にふれた通り、コートジボワール産カカオは世界シェアの四割以上を占め、特にヨーロッパの先進諸国での需要が多い。

人身売買がさかんなのはアジア、アフリカであるが、中近東の売買ルートも最近では大きな問題となっている。巡礼の聖地メッカは奴隷売買のメッカでもあるとされる。

巡礼者の家族を装って、色々な国から多くの子供たちが送り込まれてくる。3年間で二〇〇〇人ほどの子供が売買された記録が押収されている。バングラデシュやインド、フィリピンから流れ込んだ移住労働者は一日平均10時間から18時間の労働を強いられ、時には残業手当なしに一晩中働かされるというが、子供の取り分はもっとずっと少ない。一ヵ月一三三ドルで一日16時間労働が平均という。ジェッダの病院で掃除婦となっていた何百人ものアジア系女性の低賃金労働者は、食事、休憩なしに一日12時間働き、労働時間外は鍵付きの寮に監禁されていたという。

こうした人身売買の実情については既にいくつかの国際機関や各国政府が本格的な調査を行なっているが、アメリカ国務省などは毎年「Human Trafficking Report：人身売買調査報告書」を発行し、その中で人身売買問題への各国政府の取り組み度合いを審査して三種の階層（Tier）に分類している。

第1階層は、取り組みのあり方が国際基準を充たしている国、第2階層は問題への取り組みを表明しているが未だ国際基準を充たしていない国（二〇〇四年まで日本はこの第2階層に含められていた）、第3階層は「人身売買撲滅に向けた最低限の取り組み基準さえ遵守できていない国」、言い換えれば、人身売買を許容、支援している国としてブラックリストに登録され、アメリカ政府によって経済制裁を受ける対象となる国である。

二〇〇五年報告ではボリビア、エクアドル、カタール、アラブ首長国連邦、ミャンマー、ジャマイカ、サウジアラビア、ベネズエラ、カンボジア、クウェート、スーダン、キューバ、北朝鮮、トーゴの一四ヵ国が第3階層の劣等国に挙げられているが、アメリカ政府の外交方針と敵対するベネズエラやキューバなどについては政治的な意図も窺える点に注意が必要である。政治的な意図が見え隠れすることは、右の第3階層に例えばタイが含まれていないことからも分かる。

タイはアジアの中でも、最も深刻な人身売買で知られる国である。タイの人身売買問題については二〇〇七年九月に人気音楽チャンネルMTVなどでもドキュメンタリー番組として特集されたことがある。(14)

同番組には、売春婦、メイド、搾取工場の労働者などとして強制労働の犠牲となった三人の女性と人身売買業者、買い手が出演、生々しく悲惨な実情が伝えられた。エイズ被害の拡大も深刻である。タイでは一九八四年、たった一人の同性愛者だけがエイズ患者と認定されていたが、八七年以降は売買春経験者や薬物乱用者を中心に感染が一挙に広まり、八九年には一万七〇〇〇人以上、九一年には三万三〇〇〇人、そして九二年には三〇万〜四〇万人へと激増したという(15)。

エイズ禍に関しては世界の関心が比較的高いため、組織的・国際的な支援の動きも少なくはなく、またエイズ孤児救済のため単身タイの山奥の施設に住み込んで子供たちのケアに当たっている日本の女子大学生の奮闘などもインターネットで知ることができる。しかし、「人身売買は、麻薬取引、武器取引に次ぐ世界で三番目に最も利益を生む非合法活動」などといわれている。インターネットの動画サイトで「Child slavery」の検索をした時、「現代の奴隷船」の映像が数多く見つけ出される現状には、やはり誰もが唖然とせざるを得ないのである(16)。

各国の児童人身売買の状況を詳しくみてゆくと、どの国でも「これが現代世界だろうか?」と思わざるを得ないような幾つもの事例に気づくことになる。調査や報告の行なわれていない事例も多いであろうことを考えると、問題の根深さが改めて痛感される。

ＩＬＯは「人身取引に対する子供の脆弱性を高める諸要因」の「需要要因」として、「安価な移民労働力への需要」「子供の母国や近隣国における観光産業の規模」「国内および国際的な性産業の成長」「人身取引に関わる法規制の緩慢な実施」の四点を挙げているが、本書で辿ってきた実例から判明する通り、世界商品・世界企業のグローバル戦略との関わりの増大も特に留意されておくべきだろう。

7章　セレブなものと子供の奴隷

(1) ダイヤモンドは血の輝き

贅沢やプレステージの象徴といえばミンクの毛皮とダイヤモンドである。ダイヤモンド製品市場の規模は一九九九年の時点で五六〇億ドルにのぼり、その後も拡大の傾向にある。ダイヤモンド業界の最大手として世界のダイヤモンド生産・流通の大半を牛耳るデビアス社の宣伝文句では、「ダイヤモンドは永遠の輝き」をもっている。しかし、実際の歴史の流れの中では、ダイヤモンドはその輝きの明るさと対極的な暗黒も作り出してきたのである。

一般的には、古代の王国の支配者や中世諸王朝の支配層もダイヤモンドやルビーの宝石に囲まれていたようなイメージがあるかもしれないが、世界的にダイヤモンドが流通するようになったのは、主に一七三〇年代にブラジルなどで大規模な黒人奴隷制によるダイヤモンド鉱山の開発ブームが起こったためである。これを契機に、アムステルダムやアントワープなどにダイヤモンド加工工房が多く設立されるようになり、人々のダイヤモンドへの需要が作りだされてゆく。そしてブラジルの採掘量が限界に達した頃、南アフリカ（以下、「南ア」と表記）で幾つもの大鉱脈が発見される。一八八〇年代のことである。南アに殺到した鉱山開発業者の中に、歴史上最も悪名高い帝国主義推進者のセシル・ローズが居り、彼によってデビアス鉱山会社（De Beers Consolidated Mines）が設立される。彼は、ロスチャイルドの後ろ盾を得て各地の鉱山群を次々と買収、十九世紀末には生産地の九割以上を支配した。一時はダイヤモンド流通市場の九割も支配したという。彼は植民地政府の首相にまでのぼり詰めたが、周辺諸族に武器を売りつける武器商人でもあった。ローズ亡き後は、やはりロスチャイルドの支援を取り付けた金鉱山王のオッペンハイマー財閥がデビアス社の経営を引き継いだ。結婚式にダイヤモンドを贈る風習は、このオッペンハイマーのアメリカ市場開拓の広告戦略が広めたものである(1)。

いま現在、デビアス社日本支社のホームページ（www.debeers.com/jp）には、わざわざ次のような一文が載せられている。スターバックスがフェアトレードのコーヒーの買い入れをわざわざ店頭で強調するのと同じ姿勢である。「デビアスのダイヤモンドジュエリーは紛争地のダイヤモンドおよび児童労働に関与したダイヤモンドを一切含んでいません。デビアスは紛争地ダイヤモンドの問題を深刻に受け止め、紛争地ダイヤモンドがサプライチェーンに流入しないこと、またそれがジュエリーに一切含まれないことを保証するための対策を講じています。」

実際にはどうであろうか？　色々調べてみると、デビアス社の原石調達に関しては多くの問題点も相変わらず指摘されていることが分かる。同社は多くの「紛争ダイヤモンド」を扱っており、またダイヤモンドを採掘している鉱夫の中には幼い子供たちも含まれているというのである。ここでは主要な採掘地であるシエラレオネと、ダイヤモンド研磨で児童強制労働が伝えられているインドの事例をみてみるが、こうした実態の一端は、ハリウッド映画の『ブラッド・ダイアモンド』でも描かれている通りである。

人口およそ五〇〇万人のシエラレオネは一九六一年イギリスから独立、解放奴隷（クレオール）と内陸諸部族の争いは根深く、九一年から内戦が10年以上つづいて二〇万人以上が犠牲となっている。一万人が手足を切断され、一〇〇万人が家を失ったと報じられ、難民総数は国民の九割、四五〇万人に達するともいう。一九九五年の平均寿命は世界で一番短いという記録になっている（男＝三一・九五歳、女＝三五・九〇歳）。乳幼児死亡率、教育水準、個人所得などの総合指数でも、世界最下位である。反政府ゲリラ組織ＲＵＦ（革命統一戦線）は、隣国リベリアでゲリラの特訓を受ける。その代わり、リベリアはシエラレオネのダイヤモンドを独占して買い上げ、世界のマーケットに向けてそれを売却、大きな財源とする。取引を仕切るのは、ダイヤモンド商をはじめ、兵器商人と麻薬密売人である。これが俗にいう

「紛争ダイヤモンド（Conflicts Diamond, Hot Diamond, War Diamond）」である。子供兵の比率は五〇％を超える部隊もあり、ＲＵＦには三〇〇〇人以上の子供が戦闘兵として徴用されている。マリファナを投与され、死の恐怖をマヒさせられて、子供たちは最前線にも送られてゆく。シエラレオネの元少年兵が二〇〇六年に広島、京都、大阪で講演を行ない、その回想録の邦訳も出されているので、子供たちの悲惨な状況は詳しく知ることができる。[2] なお、ギニアとリベリアなどの近隣国との間ではさかんに子供の人身売買が行なわれ、子供たちはセネガル、コートジボワール、ナイジェリア、レバノン、コスタリカそして、ヨーロッパにまで売られている。一九九八年統計では、シエラレオネの首都フリータウンの12歳から20歳までの女子うち、六三％が身売りをしたという。

デビアス社は「紛争ダイヤモンドなど、一切含まれないことを保証する」とアナウンスしているが、歴史的経緯に鑑みれば、第一、「紛争ダイヤモンド」でないダイヤモンドなど存在するのだろうか？　デビアス社の独占と繁栄を支えた鉱山は、いわばどれもが紛争で奪い取った鉱山ではなかっただろうか？　誰もが、デビアス社の歴史意識やセンシティビティの稀薄さには驚くばかりだろう。そうした稀薄さを思うと、児童労働の利用についても、やはり疑惑は深くなる。

シエラレオネのダイアモンド鉱山では7歳～16歳という子供の働き手たちも含まれ、ＩＬ

Oの調査によれば、同国では子供の収入は総家計所得の三四～三七％を占めている。奴隷同然のように働かされる子供たちは、「疲れを実感する暇もない」という。内戦で親を亡くし生きていくためにやむを得ず働く子もあれば、不安定で貧しい家計を助けるため売られて働かされる子もいる。まともな食事は与えられず、ダイヤモンドの価格の数千分の一、数万分の一の低賃金で強制労働もさせられている。大方の雇い主は、自分は「貧しい家計を助けたいと思っている子供たちを雇っている親切な人間」だと思い込んでいる。この子供たちによって採掘されたダイヤモンドが、日本やアメリカなどにも流れているのである。（もっとも、日本に入るダイヤモンドの多くは実は「屑ダイヤ」で、ちょっと洒落たデザインの指輪に加工されて法外な高値で売られていることも稀ではない、ともいわれる。）二〇〇五年には、シエラレオネからは一億四二〇〇万ドル分のダイヤモンド輸出が記録されている。

ダイヤモンド研磨工房の実態はどうだろうか？　インドの事例についてみてみる。

ダイヤモンドや宝飾品はインドの主要輸出品。一九八〇年代後半からは、合成宝石の比率も高まり、宝石研磨業における債務労働者の比率が高まっている。ダイヤモンド研磨では6歳～14歳の多くの児童労働者が低賃金、不衛生な労働環境のもとで、一日最低でも10時間の労働を強いられている。非常に細かく、単調な作業のため、数多くの健康被害が挙げられている。最も多く問題視される症状は、目の酷使による眼精疲労である。他にも頭痛、脚・肩の痛み、髪の変色、歯周病の例がある。マラリアや赤痢に感染する児童も多く、また、栄養不良に伴う結核で苦しむ子供たちもいる。一九九二年にインドではおよそ五億個ものダイヤモンドがカットされたというが、その輝きは、こうした子供たちの汗と血と涙の反射光だということになる。(3)

（2）ムチと香水

一九七八年、エジプトを訪れた時、ガイドに洒落た香水店に案内されたことがある。「この店の品は、natural flower だけを原料に用いた一級品で、フランスの高級百貨店などにも輸出されています」と店主が得意気に説明し、筆者以外の大方の日本人ツアー客は皆、土産《みやげ》物として、また自分のための化粧品としてこぞって買い求めていたことを覚えている。無粋な大学生であった筆者は香水などには縁がなく、また海外旅行であまり土産物を買う気はなかったため、瓶のデザインやラベルの絵柄をみて楽しむていどであった。それから二十数年、大学で南北問題の講義も担当するようになって関連資料に当たるうち、エジプトのジャスミン畑でムチ打たれながら花を摘む子供たちの映像に行き当たり驚くことになった。あの時案内された香水店の香水も、ひょっとすれば幼い子供たちをムチ打って作られたものではなかったのか、と。手元のビデオテープが古びて破損してしまったため出所は正確に挙げることができないが、確かNHKの深夜のドキュメンタリーでの映像であったと思う。

ILOのジェノヴァ事務所が二〇〇四年に作成した「Child Labour: A Textbook for University Students」という資料(4)を読んでみると、そのジャスミン摘みについての若干の関連情報が載せられている。それによると、ジャスミン摘みは七月から一〇月にかけて行なわれる。リクルーターたちが夜中の内にトラックでナイルデルタに出向き、村から子供たちを集めて回る。夜中の人集めは、日中の灼熱の中では花が萎れてしまうためであり、子供たちが集められるのはジャスミンの小さな花びらを摘むのに子供の「器用な手」が好適とされるためである。作業時に朝露がジャスミンの花を柔らかくするため、ということもある。

朝日もまだ昇らない暗闇の中、子供たちは裸足の足を泥だらけにしながら五感を頼りに香水に適した花びらを選んでせっせと摘んでゆく。食事も出されることはなく、ムチを持った監督に急かされながら子供たちは毎日9時間、交替制で働かされているという。子供たちが受け取るのは、一日につき三エジプトポンド（五〇セント）ていどの小銭である。子供たちは時々ムチで打たれてしまう。というのは、大量に蚊が群がり、痒さに気を取られて花摘みどころではないためである。

「パリの高級百貨店でも」といった宣伝文句を聞いただけで、簡単に購買心をかきたてられる購買者・消費者にも問題はあるといえるだろう。セレブ向けの商品というのは、多かれ少なかれそうした消費者の無知や安易さにつけ込んで高値で売られているものである。消費者一人一人が賢明になることも、児童労働問題解決の前提として何より必要なことと肝に銘じておきたい。

（3）イクバールの魔法の絨毯

パキスタン、インド、ネパール、トルコ、イランなどでは絨毯《じゅうたん》産業が非常にさかんである。筆者自身、トルコやイランの奥地で多くの少女たちが織機を器用に操って見事な色彩とデザインの絨毯を織っている様を何度か見たことがある。

脇村義太郎『趣味の価値』（岩波新書）は小著ながら、早くから絨毯産業の歴史と文化を紹介したすぐれた著作で、特に中近東の絨毯産業とヨーロッパの植民地主義との関わりなどを要点をしぼって見事に描写している。そうした良書が早くから出版されていながら、その後しばらくは絨毯産業の歴史や文化について紹介した書物はほとんど出版されなかったが、バブル期の頃から衣料関係・美術関係の一般月刊雑誌で時折ながら特集が組まれるようにもなり、最近ではとりわけ児童労働関連の文献によって現代の絨毯産業の実体が知られはじめている(5)。

その実態を伝える典型的な事例として、児童労働撲滅運動に大きな影響を与えているパキ

スタンのある少年の話をまずは紹介しておく必要がある。(6)

一九九五年四月十六日、イースター祭の日曜日にパキスタンのマリドゥケという町で一人の少年が射殺された。イクバール・マーシー、12歳。祖母の住む家の前でのことだった。

4歳の時、彼はたった十二ドルで両親によってカーペット業者に売られた。母親の借金のかたにされたのである。契約では一日12時間の週六日労働のはずだったが、実際には鎖につながれて毎日13時間~20時間、丸々一週間休みなしに働かされることも多かった。意志の強い子だったため親方に逆らうことが多く、イクバールはよくその親方にぶたれた。10歳の時に債務奴隷労働者解放戦線（ＢＬＬＦ）のカーン議長の講演があることを知り、彼はその講演を聴きにいった。瞳を輝かせて熱心に聴き入る少年に気づいたカーン議長は、壇上で自分の体験を語るようイクバールに促した。

カーペット工場で働かされている多くの子供たちの悲惨な実態を10歳の子供が話しはじめると、会場はたちまち大きなざわめきに包まれた。「作業場は埃まみれ、指に怪我をすると、親方は熱い油に指を漬けて、それを治せと命じた」といったような、信じられないような酷《むご》い労働実態が次々とイクバールの証言の中で語られた。長年の虐待のため、イクバールは激しい指痛と呼吸障害を抱えていた。しかし、彼は力強く、こうも述べた。「ぼくはもう、親方なんか怖くない。今は親方がぼくを怖がっているんだ」と。この講演会は、イクバール少

写真7-1　イクバール・マーシー

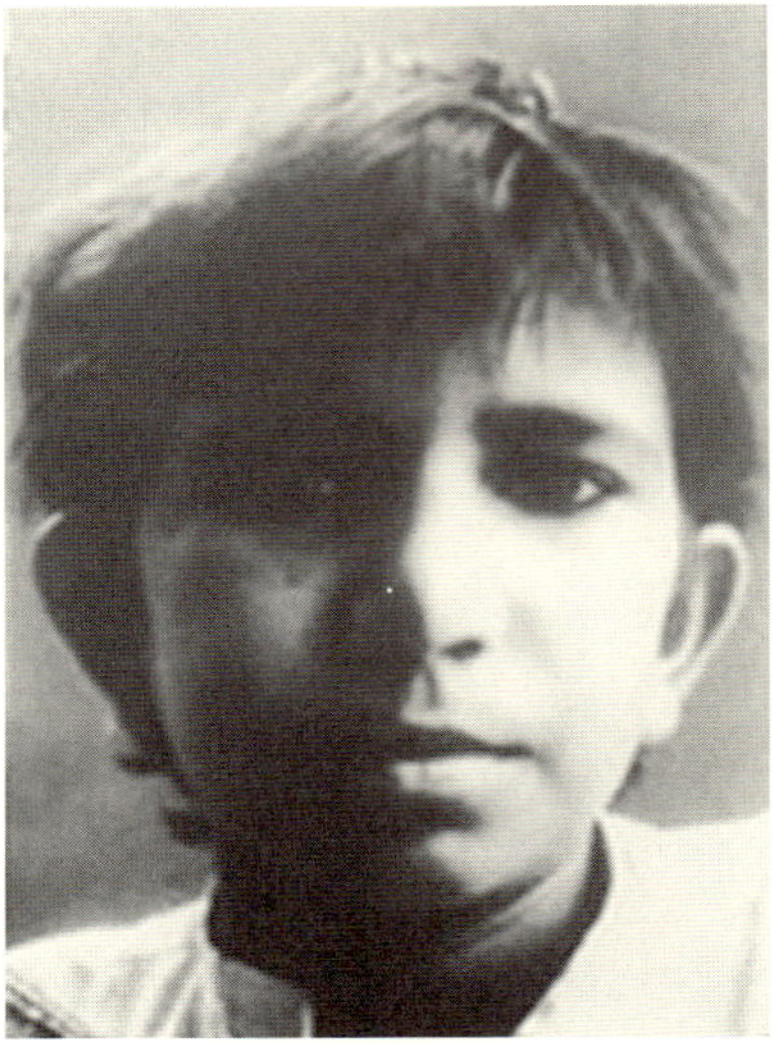

Springer, J., Listen to Us: *The World's Working Children*, Groundbooks, 1999.

年にもその後の児童労働撲滅運動の広がりにも、大きな転機をもたらすことになった。

BLLFの児童労働廃止運動の呼びかけをきっかけにイクバールは逃亡、彼はその廃止運動の重要性をすぐに感じ取った。10歳の子供とは思えないような行動力で彼は様々な場所に出向き、多くの人々の前で自分の体験を語りはじめた。そしてBLLFの援助を得て、彼は絨毯産業、織物業、レンガ工房、革なめし工場、鉄工所などで働かされる三〇〇〇人の子供たちを助ける活動に入った。小さな廃止論者《アボリショニスト》の誕生である。

彼はしばらく、病院の洗濯業務を手伝う母と妹と一緒にラホールに住み、その地にあるBLLFのフリースクールに通ってたちまち優等生となった。彼がBLLFの活動家となったのは、弱冠12歳、日本でいえば小学校六年生である。彼はBLLFの大会でスピーチを頼まれることが多くなり、人権擁護を語る少年として広く知られるようになった。そのめざましい活動はやがて国際的にも有名になり、様々な国の人権擁護団体からもイクバールは招待されるようになった。一九九四年にはＩＬＯの「青年人権活動功労賞」を授賞、その受賞式典と講演のためスウェーデンに一ヵ月滞在した後、アメリカに渡ってボストン近郊の中学校でも講演を行なった。賞金の一万五〇〇〇ドルはイクバールが法律の勉強を続けるための資金となった。しかし、パキスタンに帰国した彼には、彼の命をうばうイースターの日が待っていたのである。脅迫は、前々から続いていたという。

しかし、イクバールのアメリカ講演を聞いた聴衆の中にアマンダ・ルースというブロード・ミードー中学の生徒たちがいた。彼女たちはイクバール射殺の新聞報道を知って大きな憤りを抱き、イクバールの死を決して無駄にしてはならないとの強い思いを抱いた。イクバールが殺された日の翌日は休日であったがクラスメートたちがわざわざ学校に集まり、イクバールのために何かできることはないかを皆で話し合った。そこで彼女たちはアメリカ中の12歳の中学生に手紙やＥメールを送り、ひとり12ドルの寄付の呼びかけを行なうことを決定した。イクバールの享年を忘れないために12という数字が選ばれたのである。[7] 一年後にアマンダたちは何と、一〇万ドルもの募金を集め、パキスタンのＮＧＯ組織に学校や教育基金の運営を委託した。イクバール基金と呼ばれるものである。その後も彼女たちは毎週金曜日に集まり、「イクバールの学校」や児童労働の問題点について話し合いをもっているといい、アマンダはイクバールが夢みたように、将来は弁護士になって人権擁護のために働くことを志しているという。イクバールは、多くの子供たちに夢を運ぶ「魔法の絨毯」を遺《のこ》したといえるだろう。

イクバールの魔法の絨毯は、他にも広く大きな影響を与えている。ここではもう一つのエピソードを紹介しておく。カナダのトロントに住むクレイグ・キールバーガーという少年の話である。

クレイグもやはり12歳、イクバール、アマンダたちと同い年である。彼はある日、朝食をとりながら読んだ新聞でイクバール少年射殺の記事を目にした。クレイグが驚いたのは、自分と同い年の少年が殺されたということに加え、何世紀も前に廃絶されたと思っていた児童労働が、自分が生きる今の時代にも広く存在するという事実を知ったからである。それから彼は児童労働に関する文献を手当たり次第読みはじめ、学校でも友だちとの間で話題にするようになった。やがて彼は友人たちと一緒に「Free the Children」という組織を旗揚げし、世界中からの寄付を募りはじめることになる。

数ヵ月後に「児童労働根絶国際プログラム（IPEC）」という組織から、クレイグのグループに、アジアの児童労働現場を視察してみないかという話がもち込まれた。彼は何かと心配をする両親を説き伏せてネパールやインド、パキスタン、タイ、バングラデシュを巡る七週間の視察旅行に出発した。そこで彼は、自分を驚かせた記事の世界が現実の世界であることを知り、現実は短かな記事に描かれた世界よりもっと異様な歪んだ世界であることを知る。どこでも、クレイグは悲惨な状態に置かれた子供たちに出会ったのである。金属工場で働く少女は重度の火傷を負っていたし、火薬工場で働く少年は傷口をリンで焼かれていた。注射器を選別するリサイクル工場の少女たちは、裸足のまま、針が散乱する床の上で働かされていた。革なめし工房では、有毒な廃液も垂れ流しのまま、子供たちは半裸のままこき使われていた。

折しもアジアを訪問中だったカナダの首相と会うことができたクレイグは、IPECへの七〇万ドルの寄付を取りつけた。Free the Children の活動は世界中に広がり、更に数十万ドルの寄付が集められた。クレイグはイクバールの生まれ変わりといってよい。彼は児童の権利を擁護する国際的なスピーカーとして活躍、トロント大学在籍後には世界中で講演を行なって大きな感銘と反省を大人たちに与えてきたのである。彼の著作『僕たちは自由だ！：クレイグ少年の南アジア五〇日間の冒険記』には邦訳もあり（佐光紀子訳、本の泉社）、日本でも「フリー・ザ・チルドレン・ジャパン」(http://www.ftcj.com/index.html) が組織されて、一九九九年から数多くの実効性のある活動を行なっている。ちなみに、筆者は本書執筆のためのインド調査のスタディ・ツアーで「フリー・ザ・チルドレン・ジャパン」代表理事の伴野保志さん（トムさん）に同行させていただくことができた。言葉の端々に、深みのある優しい思いを感じさせるお人柄である。このスタディ・ツアーは児童労働問題に長年取り組んでいるNPOのACE（http://www.acejapan.org）という組織が企画して下さったもので、ILOのデリー事務所やフェアトレード推進団体、ストリートチルドレン援助組織などでの聞き取りをはじめ、実際に児童保護施設に泊まり込んでの支援活動を織り込んだものである。実に密度の濃い体験を得られたツアーであった。(8)

そのツアーの際、先述した通りインド（ラジャスタン州）のバル・アシュラムという保護施設で、イクバール少年とまったく同様な体験をした少年からの証言を聞くことになった。ビハール州に住んでいたラケーシュ君（仮名）という少年であるが、6歳のとき攫《さら》われ、遠方のパンジャブ州に売られて強制労働を課されたという。紅茶に麻薬を混ぜられ、ひどい折檻を何度も受けたそうであるが、話が進むうちに、あまりにも無表情に話す少年の浅黒い顔に現代の闇が全て凝縮されているように思えてきたものである。

ラケーシュ少年はこの施設を創設、運営するBachpan Bachao Andolan（BBA：http://www.bba.org.in）という組織に救出され保護されたのであるが、四年の間にパンジャブ語しか話せないようになり、救出されて故郷のビハール州に帰されても家族とのコミュニケーションさえ取れなくなっていたという。書物やドキュメント映像やインターネットの情報では同様な事例が幾つもあることを前々から知ってはいたが、また生半可な想像力や机上の研究では奴隷や奴隷制の実態は到底明らかにできないものと肝に銘じてはきたが、実際に目の前で「奴隷」とされた少年の体験談を聞くとなると、やはり感じることは大きな違いをもったように思える。

ＡＣＥのツアーと別行動をとってＢＢＡ本部に伺って聞き取りもしてみた。事務所に入ると、病院の薬局のような受付があって、スタッフが機関銃を腰に下げた警備員と話し込んでいるところであった。ガードマンが出入りするのは、児童救出活動を逆恨みされて事務所が襲撃されることもあるためであろうか。受付の背面には今までに救出した子供の数（七万五〇〇〇人以上）が書かれ、その対面の壁には一九八〇年から二〇一〇年までのＢＢＡの主な活動と成果と行動計画が大パネルで展示されていた。パネルには、小グループの創設当時から「15歳の少女と三四人の債務労働者を救出」、翌年には「最高裁判所に採石場やレンガ工房での労働環境や女性の安全保障のための法改正を迫った」などとある。旺盛な活動ぶりが窺える。児童の実際の救出と政府の政策を重視するのがＢＢＡで、いただいたスタッフの名刺には「Activist」の肩書きが書いてある。そのアクティビティが七万五〇〇〇人以上の子供たちを奴隷地獄から助け出してきた訳である。聞き取りで最も印象的であったのは、多国籍企業とインドの児童労働の関連などワールドワイドな問題については、ＢＢＡとしても最近になって重点を置いて調べはじめている、ということであった。(9)ちょうど、訪問した日の二日後に各地のスタッフや研究者を集めてその問題のミーティングを行なうというので、筆者も是非参加するよう強く要請されたが、残念ながら帰国の予定が決まっていたため参加は叶わなかった。それでも、世界最大級のカジュアル・ファッション・ブランドのメーカーとして有名なＧＡＰやウォルマートなどの搾取工場《スウェット・ショップ》がやはりインドの子供たちを苦しめている実情などを聞くことができた。ちなみにＮＧＯのグローバル・マーチなどが問題の改善・解決に関してメディアとの連携を重視するようになり、児童を酷使して過酷な条件で違法労働を行っている工場を発見した場合、警察などに届け出る前に報道記者に情報を流すという手段を講じはじめているが、これはＧＡＰの搾取工場に対しても採用された手段であった。ＧＡＰが刺繍製造のための自社下請け工場の作業環境を改善するための補助制度を設けたのは、あるイギリスの新聞社への通報がなされた後のことである。(10)

ＢＢＡは既に二〇〇七年十二月には十四人の子供を救出、バングラデシュやロンドンまで出向いて抗議活動やラリーによるデモンストレーションも行なってきたという。今後も、ＢＢＡの人たちは何万人ものイクバールやラケーシュを助け出すことになる筈である。搾取工場で利益を貪る世界企業は、ＢＢＡを怖れるのではなく理解することを自ら学ぶべきではないだろうか。

なお、筆者の共著『近代世界と奴隷制』（人文書院、一九九五年、三二五頁）に4歳の子供が石材を運ぶ写真を載せてある（本書七八頁に再録）が、その共著が京都のある高校で社会科の副読本に使われ、「女学生たちが涙を流しながらその写真の子のために何かできることはないかを真剣に話し合っている」というお便りをいただいたことがある。日本にも多くのアマンダたちがいる訳であり、子供たちの感性や倫理観は、世界中、どこにでもつながる輝きをもっているように思える。アインシュタインは「無限なものは二つある。宇宙と人間の愚かさだ。もっとも、前者については断言できないが」との名言を残したが、筆者は三つ目の無限なものを付け加えておきたい。子供たちの可能性である。本書で名を挙げている世界企業の重役や兵器メーカーの社員や金融市場で詐欺まがいの投機に躍起になっている大人たちは、こうしたエピソードを知って何を思うだろうか。是非とも、聞いてみたいところである。

8章　グローバル化と共生の原理

子供に対する強制労働や奴隷化の問題は、いつ頃から世界的に議論されるようになっただろうか？　十九世紀の奴隷貿易の実態を調べてみると、すでに十八世紀のうちに児童奴隷の輸出が高まり、一八一一年~六七年の時点で奴隷船に積まれた子供の比率は四割を超えている(1)。東アフリカからの奴隷輸出は大量の子供を犠牲にしていた訳で、本来なら、すでにその時点で国際的重大問題として取り上げられて然るべき筈であった。しかし、当時はアフリカの人々のことなど、国際世論は眼中に置くはずもなかった。

一部の奴隷制廃止論者 Abolitionists の間で断片的、散発的に取り上げられることもなかった訳ではないが、そもそも奴隷や奴隷制の問題に関する議論が国連で軌道に乗るのは今から20年ほど前、漸く一九八五年のジュネーヴ会議に至ってからのことである。この会議は国連の奴隷制専門家作業部会での10年間にわたる論議をもととしたもので、総会での議題が南北問題に焦点を当てることが頻繁となってきたことの反映でもあった。

写真 8-1　東アフリカからの児童奴隷の積み出し

Walvin, J., *Slavery and the Slave Trade, A Short Illustrated History*, Macmillan, 1983.

しかし、毎年行なわれていた会議で、有効な対策はほとんど取られてはこなかった。アメリカや旧ソ連を筆頭に、いくつかの加盟国が国連経費の分担金の支払い義務を怠ったためである。国連は債務累積を回避するため、そのジュネーヴ会議に関連した計画予算を大幅に削減していた。つまりは、奴隷問題の棚上げである。実際のところ、奴隷労働問題対策のために集められたお金は、国連で人権促進と保護のために割り当てられた予算のわずか〇・七パーセントにしか過ぎなかったという。奴隷制そのものを国際的に意識し出したのが漸く一九八五年になってからであるから、子供の奴隷についての問題が浮かび上がるのは、更に遅れてのことである。児童奴隷化という国際的に最も深刻といえるであろう問題を棚上げにする一方で、各国のお役人が集まり、利害の対立や主導権争いの絶えない「国際連合」では、戦争への介入や戦争の後始末に莫大な予算が使われていった。世界中の大人が集まって専門部会で10年間議論しても、対策は軌道に乗らなかったのである。前章でみた12歳の子供たちの活動が、いずれもわずか数年で大きな成果につながって広がっていることを思えば、大の大人が首をそろえた国際機関が一体どれほどの意味をもつ組織なのか、問い直すことさえ愚かしく思えてしまう。

対策については本文中で何度か言及を行なった上、世界商品や世界企業と関わって「最悪の形態の労働」に押し込まれている子供たちの実情をまずは一望して紹介することが本書の主要テーマであるため、また邦語での参考図書や充実したＮＰＯの活動も容易に知ることができるため、ここでは以下にごく簡単に問題点の指摘をしておく。

日本の援助でタイにユーカリの木が植林されたことがある。商用になる大木で、生育が早く、日本をはじめ先進国向けの材木用樹木として好適だからという理由である。しかし、生育が早いということは砂糖などと同じく、土地の養分を急速に吸い取って地力の低下をもたらすということである。何年か経って、ユーカリ林となっていた山は禿山同然となり、何世代も細々とつづけてきた農業もできないほどに荒廃がすすんだという。善意は、無知や見通しの欠如がある場合は、結局は的外れにもなるということである。

日本国内の農業政策でも、減反政策に振り回された農家をさらに苦境に追い込むことになった的外れな助成策が幾つか挙げられる。古米、古古米《こごまい》の余剰がすでに問題となって久しい時期、一九七〇年代に農水省が有畜多角経営の助成を打ち出し、子牛の購入を地方農家に奨励、干拓地まで整備して酪農を援助した。しかし牛の価格は暴落、石油ショックも重なって結局地方には道路や施設造成の借金の負担が残り、農家には平均一八〇〇万円の借金がのしかかった。子牛の価格は、一頭七二万円で購入したものが一〇万円に値崩れしていた。

当時、有名国立大学の統計学の教授が、「米自由化に対処するには農地規模の拡大と多角化しか道はない」などと主張し、アメリカ型の「規模の経済」と「多投資政策」を提言していたが、身丈の大きすぎるアメリカ経済に歩調を合わせて「自由で公正な競争市場」に参入するというのであるから、土地が限られ地価も人件費もべら棒に高い日本が行き詰まりとなるのは、いわば当然であった。米自由化が論議の的となった頃、農家一戸あたり耕地面積の平均は、日本は一・二ヘクタール、アメリカは一七五ヘクタール、一アールあたり平均地価は日本は一三九万円、アメリカは四万四〇〇〇円である。多くの自由主義市場論者や市場開放論者は、元々のアメリカ経済の「ガルガンチュア的な肥満経済」（本書86～88頁、190頁）、つまりはその極度の過剰さと政策の強引さを見落としており、現実社会の多くの国々や大多数の人々に大きな禍根を残すことが稀ではないのである。(2) 更に、アメリカの国内農業助成金は他国を圧倒する金額で、途上国の農産物輸出は到底対抗できない仕組みになっている。軍事費は世界の総計の半分、米やトウモロコシや肉の生産は一国だけで世界消費量を何年分も上回る、などというアメリカ経済の肥満度を見直すことなしには、「公正な競争」も「市場開放」も「グローバル化」も、歪んだ斜面に乗せられているようなものであり、やがては多くの国が行き詰まることは目に見えている。しかも、流通はほんの数社のアメリカ企業が支配しているのである。

ちなみに、悪名高い「スーパー三〇一条」をふりかざしながら一九八九年にはじまった日米構造協議という、WTO協約違反ともいえるアメリカの強引な貿易摩擦解消要望で取り決められた合意事項の中には、日本側の「改善事項」（自主的譲歩ないし献上項目）として公共投資の増額（一〇年間で四三〇兆円！）というのがある。郵政事業や道路公団の「改革」やエネルギー政策、不良債権処理、自衛隊海外派兵や防衛問題など独立国家の根幹に関わる巨額の事業に絡んで外務省や政府機関にはアメリカ側の「年次改革要望書」「共同現状報告書」「外国貿易障壁報告書」「日米投資イニシアティブ報告書」「首脳への報告書」を通して、毎年日本側に巨額の負担がかぶさる色々な「イニシアティブ」が突きつけられてもいる。また、金融ビッグバン以来、日本からアメリカのほんの幾つかの企業に流れた金融「取引」の金額は、第二次世界大戦で日本が失った金額を既に超えている。(3) 大方の日本人はそうした異常な事実・現状についてアメリカの国家戦略や特定企業の戦略との関わりを特に考えることもなく、正当な主張も押し通せず、「公共事業が回ってきて良かった」「第三セクターだから安心」[4]といって無邪気にダムや空港や道路を造りつづけ、マクドナルドやケンタッキーを食べ、ハリウッド映画やディズニーランド、ＵＳＪを楽しみ、そして更には莫大な額のアメリカ国債を買ってその国債で建てられたアメリカの工場の製品を買いつづけて過剰浪費の落とし穴に迷い込んでいる。たまにはそうしたアメリカ企業の製品や施設を楽しめるのは親しい友人として大いに歓迎ではあるが、地元の小さな遊園地や動物園、図書館、老舗の蕎麦屋やお菓子屋、個人商店などにもっと多くの出費をしてもっと自前の、自立的で多彩で地域社会の結びつきを充実させるような生活のあり方に変えて（戻して）ゆかなければ、いつまでも今の事態が続くのは目にみえている。続けばまだましな方で、郵便貯金や年金や銀行貯金も本来不必要な建設投資や外資証券や投機資金に流れ、それが不安定極まりない金融市場で闇の中に消え、しかも今以上に格差社会が更に広がるというのであれば、4章（1）でも指摘した通り、日本の問題はまさに第三世界の問題の様相まで呈してくる、ということにさえなる。

日本としては、高額な通行料金で誰も利用しなくなる巨大な湾岸道路やテナントも入らないビル街の建て増しにお金を費やすのではなく、公共事業費（談合補塡費）のあり方や国家・地域デザインのあり方、対米（企業）関係のあり方を抜本的に組みなおしてゆく必要がある。これは改めて強調することなど本来は不必要な当たり前の前提であるが、データを示

表8-1　日本の鉄鋼・セメント消費量（1980年代末）

（一人当たり消費量，単位＝kg）

国名	鉄鋼	セメント	国名	鉄鋼	セメント
日本	582	665	メキシコ	93	257
旧ソ連	582	470	中国	64	185
旧西ドイツ	457	476	インドネシア	21	73
アメリカ	417	284	インド	20	53
トルコ	149	436	ナイジェリア	8	31
ブラジル	99	167	バングラデシュ	5	3

Alan Durning, *How Much Is Enough?: The Consumer Society and the Future of the Earth*, Worldwatch Environmental Alert Series, W W Norton & Co. Inc., 1992. より作成。

して改めてその必要性を確認しておく。それは、日本の鉄鋼・セメントの生産・消費量を示した統計で、表8-1にみる通り既に一九八〇年代末の時点で日本は世界の中でも随一の建設大国である。これは「経済発展」の証左として手放しで喜べるランクではなく、エネルギー消費、環境負荷の大きなデメリットを内包した過剰な肥満的数値ととらえるべきものである。日本の海岸べりを休むことなく埋めてゆく護岸工事や湾岸整備のセメントだけで世界中の国々が消費するセメント量にほぼ等しい年次もあったという統計さえある。この肥満的数値の陰で、私たち日本人は全国に同じような殺風景な町並みをつくり、世界で最も汚染された海や川をつくり続けて、そしてあまり実《じつ》のない「ふるさと創生」のスローガンを掲げたり、アフリカの賢者から「モッタイナイ運動」を教えられたりしてきた訳である。

公共事業頼みの政策が累積した中、日本国内に建設業者の数が多すぎる（ヨーロッパ諸国合計の七〇倍ていどの建設業者が日本にあるとのニュースを聞いた覚えがある）に至った点も大きな問題で、バランスの取れた産業構造の転換やそのための教育体制の組みなおしを早急にはかることも重要であるが、まずは何よりも何千億円、何兆円ものお金がかかる国家的事業でわざわざ毎年のように特定外国企業の要望・イニシアティブを最優先する必要がないのは、あまりにも当然である。まずは地元に根ざした町づくり、地域づくりの中長期の構想をしっかりと打ち立て、海外企業との健全な協力も視野に入れながら、日米の国内全土をも包み込んでいる巨大利権や既得権益に厳しい監視・規制や新しい方向付けを課す必要があるだろう。それと共に、巨額な資金を用いるのであれば、農場や鉱山や搾取工場《スウェット・ショップ》で重労働に苦しみ、その周辺で銃を持たされて学校へも行けない子供たちに未来を拓いてあげるような事業や政策に積極的に関与する姿勢を国際的な場面でしっかりと示して実効性・実質性のある援助を着実に推進してゆくことが何より必要だろう。途上国の子供たちの問題は、「一〇年間で四三〇兆円」という金額のうちの千分の一、万分の一のお金があれば、すぐにでも大きな改善をみて、十分におつりがくる問題なのである。[5]

それにしても、援助が貧困解消の実態を反映しない的外れなものとして繰り返されるのは何故か？　理由は幾つかあるが、次に述べる政府開発援助（ＯＤＡ）の問題点や世界銀行、ＩＭＦの機能不全、そしてそれらを基底部で左右している巨大企業の営利戦略こそが最も影響が大きく最も重要な要因である。こうした巨大企業の戦略は、「コルテス・ピサロ方式」（本書174頁）として国家レベル・地域レベルの事業や資源獲得・市場確保に第一の利害を感じているため、今や各国・各地域の伝統的な因習や制度は、むしろトータルにそうした企業利害の中に包み込まれている。国家を越えた「帝国」支配が、まさに展開している。[6] 企業利益至上主義の世界体制（コーポレートクラシー）が、人々の生活を翻弄している。

それに元来、先にみた通り、奴隷制問題のような重要な問題が、歴史的にはなかなかスムーズに解決への合意を得られてこなかったというまどろっこしい事情もある。一九八五年のジュネーヴ会議に先立っては国際的な奴隷制・奴隷貿易廃止の取り組みはメッテルニヒが音頭をとったウィーン会議（一八一四年～一五年）以来の伝統があり、奴隷業者や海賊を「人類の敵」として規制・処罰する動きがあったが、一九七五年以来開催されていたジュネーヴでの人権関連会議はそのウィーン会議以来の歩みから一歩も二歩も後退したものとなっている。国連の奴隷制「専門家」作業部会として立ち上がったにも拘わらず、特定の限られた事項の限られた問題に対してさえ、成果ははかばかしくないのである。既に述べた通り、国連で23年間にわたって慎重な協議を重ねた「先住民の人権宣言」も、アメリカ、カナダ、オーストラリア、南アフリカが批准せず、空洞化の状態である。[7]

八五年からは子供の奴隷についての留意が芽生えるが、実際のところは本書でたどってき

図８－１　日本の ODA 実績の推移：1996年～2007年

（支出総額ベース：単位＝100万ドル）

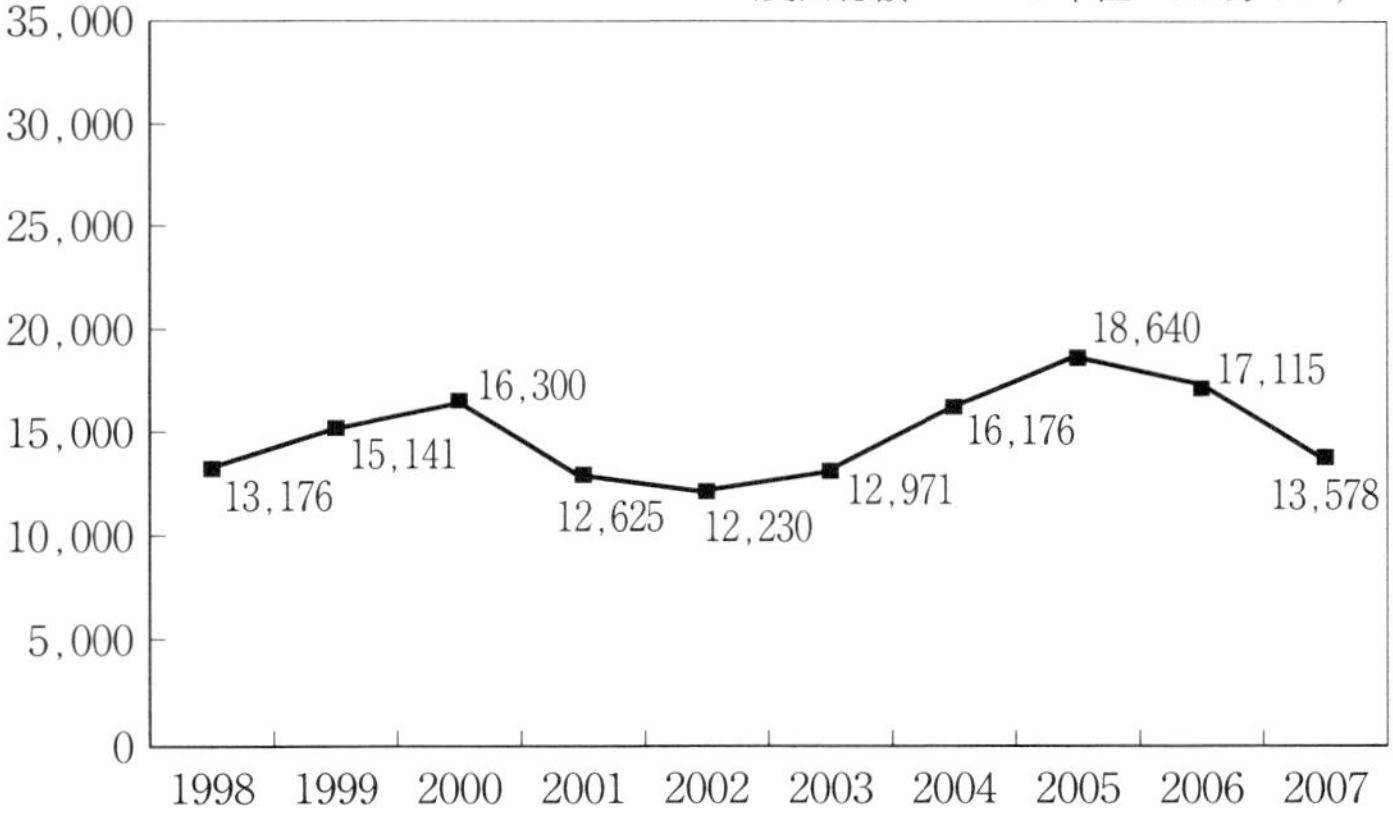

外務省資料「ODA の実績：2008年度版」より作成。

たような惨状が多くの子供たちに覆いかぶさっている。そうした問題を解消するためにこそＯＤＡや世界銀行やＩＭＦはあるはずのものであるが、これらにも問題点があまりにも多い。

日本は毎年世界随一の政府開発援助を行なう援助大国であるが、その援助の内容や実質的な効果は、苦しむ子供たちよりもゼネコンや資源調達企業の利益に結びついている。「善意」の名の下に、私たちの税金がごっそりと特定企業の利益の中に吸い上げられている形である。

国際的な援助に関して、日本の援助の多くは、途上国での地域や職種や年齢に応じた職業訓練にはなっておらず、安全衛生関連の援助も十全ではないといわれている。ボランティア活動をする学生たちや児童支援のＮＰＯに現在のＯＤＡ総額の一割でも自由に使わせれば、おそらく今の数倍の援助効果が目に見えて現れる気がする。文部科学省や国際協力事業団（ＪＩＣＡ）による無償資金協力として学校が建設され、教材や機材の提供もなされているが、現に終日働いている児童を対象とした援助は十分ではなく、「初等教育（基礎教育）の充実」を看板にするだけで、キメの細かさに欠ける点も少なくはない。前章で紹介したＢＢＡが展開する「子供にやさしい村」の構想のように、学校周辺の地域を包摂した援助が望まれている。(8)

日本はＩＬＯの技術協力として、一〇〇〇万円、二〇〇〇万円の金額を拠出し、例えばＩＰＥＣの事業として「アジア地域児童労働問題セミナー」などに使われたが、バブル期にバクチのような経営をして国に泣きついた金融関連・住宅関連企業には一社に対して五〇〇〇億円〜二兆円ものお金が「公的資金」として流されている。そうして救済された企業の重役や責任者が家や資産を処分したという話は聞かない。ＩＬＯなど、対策を集約して扱う国際機関への援助は、そうした「死に金」を削った上で見直していただきたいものである。ただし、インドのＩＬＯ事務所で感じたことは、少々お役所的な体質である。優秀なスタッフが個々に良い仕事を積み上げている様子も十分窺えはしたが、聞いてみると、各国の「最悪の児童労働形態」の実数調査などは各国から集まる申告資料をそのまま鵜呑みに合わせているだけという面もあり、なぜ独自の調査を加えたりしないものかと感じた。事務所の豪勢さも少々過分と思えた。

日本のＯＤＡの「プログラム援助」は実は世界銀行やＩＭＦが途上国に押し付ける「構造調整プログラム」に対する「貢ぎ物」のような実態をもっている。途上国はカカオやコーヒーや安価なＴシャツなどごく限られた三〇ほどの世界商品を輸出向けに作るよう促され、過当競争で値崩れするままグローバルな「自由」市場にさらされる。そして日本はサラ金の取り立て屋のような地位に置かれてしまっている面がある。この点については、田中優氏が鋭い指摘や建設的な提言を行なってきている。[9]

解決への糸口は、先にも述べた通り、既存の国際機関の活動と協力の上、意欲的に国際的ボランティア活動に携わる学生たちや児童支援のＮＰＯに現在のＯＤＡなどの予算を振り分ける工夫をする、といったところに見いだされるだろう。フェアトレード支援に政府も地域も企業ももっと緊密に関わるという方向付けも必要であろう。アメリカの歴史やネット社会の現状をみれば分かる通り、新しいフロンティアの広がりには元来、全くの無法状態もつきまとう。実質上アメリカ化の様相を呈するグローバル化社会の中では、法令遵守《コンプライアンス》など企業倫理の徹底と企業および市民の社会的責任（ＣＳＲ）の徹底とが絶対に必要である。本書第１章（３）で述べたような「南部化するアメリカ」の現状もあり得ることを思えば、生半可な対策や取り組みでは、どの国にとっても取り返しのつかない事態が起こることも考えられる。というより、現実は、そうした取り返しのつかない事態を積み重ねて進展している。

また、より多くの人たちが自分の生活で利用する世界商品の実情を知り、派手な宣伝やにこやかなコマーシャルに誤魔化されないしっかりとした意識を共有することが何より必要である。何かにつけては「自由」を主張するだけで、重武装と肥満と貪欲な金銭欲に喘ぐだけの社会は、豊かな社会というよりはあまりにもみっともない空虚なパーティー会場というべきだろう。「自由」や「便利さ」は近代世界を切り拓いたガルガンチュアのスローガンでありモットーであったが、自由な社会は、「共生」の豊かさを創り守れない限り、本来の価値を失うものなのである。

あとがき

筆者が修士論文で南北問題を考察して以来、26年の歳月が流れている。筆者はその後、「アメリカ合衆国内部の南北問題」である先住民の歴史と黒人奴隷制の問題に研究の中心を置き、とくに植民期アメリカ南部諸州の商品経済の展開と奴隷制・植民地主義の問題についての論文や著作を執筆してきた。そして、奴隷制度と深い関わりをもった商品（毛皮、タバコ、米、藍、砂糖など）についての研究をつづけ、いま現在、京都の龍谷大学では延べ10年以上にわたって「南北問題研究」の講義を担当している。

半期終了の講義なので、前期は「南北問題と子供の奴隷」、後期は「多国籍企業の活動と先住民」のテーマで授業を行なっているが、いずれの授業でも学生諸君の反響には、毎年、頗る大きなものがある。「想像さえしていなかった事実」を次々と知って、多くの学生諸君は実に真剣に問題への考察に取り組みはじめるである。中には、わざわざアルバイトのお金を貯めて実際にアジア、アフリカや中南米の諸国に出向き、子供たちの実情を現地で確認してボランティア活動をしたり、講義をきっかけに子供救済支援活動に協力して、その体験や取り組みをレポートにまとめ、さらには就職進路決定の指針としてくれた学生もある。

そうした学生の中で、内閣府主催の国際学生交流活動のメンバーに選抜されて活躍した学生が居たが、彼の言によると、その交流活動を指導した外務省職員はいつも自分自身をＶＩＰ扱いで、「信じがたいようなたいへん贅沢なお金の使い方をしていた」とのこと。「下山先生の授業を参考に計算すれば、そのＶＩＰ役人の意識を根本から見直すだけでも、世界中で何百人、何千人もの子供たちが学校へ行けるようになる筈」との意見であった。残念ながら、まことにその通りなのである。真摯に途上国問題に取り組んでいる外交官は少なくはないと思えるだけに、遺憾の限りである。

それにしても、本書と同じようなテーマの書物がすでに幾つか出版され、また年に何度かテレビで世界中の子供たちの現状を伝えるドキュメンタリーや特集番組が放映されているにも拘わらず、筆者の授業を履修する大学生のほとんどが、「考えてもみなかったことばかりをこの授業で知らされ、自分の学問観や生活観、人生観を大きく変化させられた」と言い、「問題の深刻さに気づくのははじめて」といった一文を期末のレポートに書いて提出するという状況は、ある意味、日本人の一種おどろくべき無関心、無神経を照らし出してもいるのではないだろうか？　「世界には貧しい国が二つある。一つは世界最大の貧困国インド、もう一つはこうした問題に無関心な日本」とはマザー・テレサの言葉である。

南アフリカ共和国で未だアパルトヘイトの弊害が根強く、南ア製品不買運動が世界的に盛り上がった一九九〇年代、筆者はテレビのニュース番組で「南アのアパルトヘイトの弊害をどう考えるか？」と尋ねられた日本の有力自動車メーカーの社員の家族が「……そういうことに関しては何も発言をしないことになっておりますので……」と答えて盛大なパーティー会場に入ってゆく、という場面をみたことがある。そうした大人に育てられた日本の若者が、どれほど「貧しい」メンタリティを育ててしまうことになるか、是非ともいま一度ふり返っておくべきであろう。

おいしいもの、たのしいもの、べんりなもの、そしてセレブなものに囲まれた生活の中に、世界中の子供たちの、小さな声や、大きな涙が、隠されてはいないだろうか？

なお、末尾となったが、本書出版に関しては謝辞を呈しておくべき多くの方々が居る。第Ⅰ部の写真篇で写真撮影を担当していただいた辰本実さんにまず深甚の謝辞を述べておきたい。「辰ッつぁん」との出会いは、非常勤で世界経済史の講座を担当した同志社大学（京田辺学舎）である。

ある日、授業の合間に校舎の外に設けられた喫煙スペースで瞑想していると、たまたま学生支援センター職員の木村隆幸さんというスタッフが一服に来られた。沖縄の楽器の三線《さんしん》の演奏を楽しみ、アフガニスタンで井戸掘りもしていたことがあるという変わり種である。その偶然の出会いの場で、インド、アフガンの話題となり、一〇分ほど語り合っているうちに、木村さんが「あなたのような妙な人に、どうしても合わせたい人が居る」といって筆者は校舎内の学生支援センターへと誘われることになった。そこに飄々として現れたのが辰本さんである。

聞くと、元・戦場写真家（辰本さん自身は、そう言われることを全く好まない）で、今は何年か契約で「学生盛り上げ係」として同志社学生課に雇われているという。辰本さんとも、一〇分も話をしないうちにたちまち意気投合、非常に心昂る出会いとなった。事務室や学内には辰本さんの作品が展示してあり、その映像のもつ圧倒的な「静かさ」と「柔らかさ」「温かさ」の虜《とりこ》になってしまった。星野道夫の焚き火の写真を観て以来の感動だった。辰本さんが土門拳賞や数々の賞を受賞（この点についても、辰本さんは人に知られることを全く好まない）されていることは同氏と知り合ってからずっと後になって知ったが、まことに当然だという思いである。

会う度に辰本さんからは、いつも「へぇ～！」と膝を打たずにはおけない話を聞くことができ、新鮮な気持ちをもつことができた。「次に書く本は、是非、辰ッつぁんと一緒に」という思いが、すぐに湧いて出たものである。本書執筆が決まった段階で、当初はニカラグアとラテンアメリカの幾つかの国を二人で取材に行くつもりでいたが、諸般の事情で辰本さんにはネパールに行っていただき、筆者はインドに調査に出向くことにした。本書が大阪商業大学のアミューズメント産業研究所の助成を得て書きはじめられたものであったため、また辰本さんの今までの作品の「色合い」に鑑みて、メインには「途上国の貧困地域で子供たちがどのような形で遊びの工夫をしているかをカメラに収めて欲しい」というのが筆者の依頼であった。ただし本書のために、奴隷労働もあると噂される採石場や危険な搾取工場での調査も任せたのであるから、筆者は、辰本さんの命を、ほんの僅かな調査費用で買ったことになる。それでも期待通り、辰本さんは子供の売春の実態を聞き出すのに、チャイニーズ・マフィアなどを捜しあててくれたりしたものである。写真篇に示した数多くの地名から分かる通り、辰本さんは実に旺盛に動きまわって本書のための作品を提供して下さった。関連資料や最新の聞き取り情報も現地から達者な英文のメールでたくさん送っていただいた。辰本さんのカメラと的確な判断力、行動力、そして何より動物的直感（臭覚、感性）なしには、本書は到底書き上げられることはなかったといえる。

出版助成については、大阪商業大学ならびに大阪商業大学アミューズメント産業研究所と瀧澤秀樹教授（甲南大学名誉教授）からご援助を得た。校正段階では元大阪府立大学教授の浅羽良昌先生と池本幸三先生（龍谷大学名誉教授）の両先生から貴重な適切なご指摘をいただいた。内容や文章に問題が残るのは、無論、筆者一人の責任である。龍谷大学で長い間、南北問題の講義担当をご依頼下さってきた故松岡利道教授、同志社大学で世界経済史の講義担当を依頼して下さった布留川正博教授にも改めて謝辞を述べておきたい。また、「インドで子どもに会って考える旅」という、まことに充実したスタディ・ツアーを提供して下さったＮＰＯ法人のＡＣＥの皆さん、特に草稿に目を通して基本的な誤りを正し、最新の情報も教えて下さった事務局長の白木朋子さん、そしてそのツアーで出会ったフェアトレード推進団体やＢＢＡ（本書254頁以下）の皆さんにも感謝したい。こうした人たちの地道で着実な活動は、既に幾つもの大きな成果を生んでおり、今後も必ず大きな広がりをみせてゆくことになると信じている。筆者の書き物の最大の理解者の一人であるミネルヴァ書房の後藤郁夫さんの働きがなければ、本書は書かれることはなかった筈である。前著『毛皮と皮革の文明史』でお世話いただいて以来のご縁である。本書の出版にご尽力下さったことに、心から感謝したいと思う。後藤さんとの出会いは、決してお金では買えない宝物であったと感じている。

世界商品と子供の奴隷
——多国籍企業と児童強制労働——

2009年３月20日　初版第１刷発行　〈検印省略〉
2015年10月30日　初版第４刷発行

定価はカバーに
表示しています

著　者　下山　晃
写　真　辰本　実
発行者　杉田啓三
印刷者　坂本喜杏

発行所　株式会社 ミネルヴァ書房
607-8494 京都市山科区日ノ岡堤谷町１
電話代表（075）581-5191番
振替口座 01020-0-8076番

　冨山房インターナショナル・兼文堂

ISBN 978-4-623-05363-6
Printed in Japan

《著者紹介》

下山　晃（しもやま・あきら）

1954年　大阪府生まれ。日本大学商学部大学院，大阪府立大学経済学部大学院研究生，九州共立大学経済学部専任講師・助教授を経て

現　在　大阪商業大学総合経営学部教授　博士・経済学（大阪府立大学）
国立民族学博物館共同研究員（2005年～2008年）
味の素食の文化センター共同研究員（2010年から）

単　著　『交易と心性：商業文化史の表層と深層』（太陽プロジェクト，2003年），『毛皮と皮革の文明史：世界フロンティアと掠奪のシステム』（ミネルヴァ書房，2005年），『歴史のシルエット』（昭和堂，2012年刊行予定）

共　著　『経済史：西と東』（泉文堂，1991年），『近代世界における労働と移住』（阿吽社，1992年），『近代世界と奴隷制』（人文書院，1995年），『むし歯の歴史』（砂書房，2001年），『地球環境史からの問い：ヒトと自然の共生とは何か』（岩波書店，2009年）

HP URL　http://www.daishodai.ac.jp/~shimosan
E-mail　shiwakyotaro@mac.com

《写真撮影》

辰本　実（たつもと・まこと）

1967年　大阪市生まれ。
1986年　広島県立高陽東高校卒業。
1992年　同志社大学商学部卒業。旧ユーゴスラヴィア内戦を皮切りに世界各地を取材。テーマは戦争。
2005年　同志社大学学生支援課勤務。テーマはコミュニケーションの溝の克服。
2008年　同校退職。取材活動を再開。テーマは共生。
著　書　写真集『TEGE TEGE』（1995年）

索　引

ア　行

カ　行

サ　行

タ 行

ナ　行

ハ　行

マ　行

ヤ　行

ラ　行

ワ　行

注

序章

(1) Davis, D. B., *The Problem of Slavery in Western Culture* (Oxfored Univ. Press, 1988), Hirschfeld, Fritz, *George Washington and Slavery: A Documentary Portrayal* (University of Missouri Press, 1997), ルイス・ハンケ『アリストテレスとアメリカ・インディアン』(佐々木昭夫訳, 岩波新書, 1974年), 池本幸三・布留川正博・下山晃『近代世界と奴隷制：大西洋システムの中で』(人文書院, 1995年), 拙稿「大西洋奴隷貿易圏とイギリス東インド会社」(浅羽良昌編著『経済史：西と東』泉文堂, 1991年), ゴードン・トーマス『ルポ：二億人の奴隷たち』(間山靖子訳, 朝日新聞社, 1993年) など。さらに網羅的に奴隷制度史を研究する場合には, 奴隷制度・奴隷制度廃止運動専門研究誌の *Slavery and Abolition* の他, 同誌に連載中の Miller, J. C.,/T. E. Ridenhour, Jr., "Annual Bibliographical Supplement,", Rodriguez, J. P., ed., *The Historical Encyclopedia of World Slavery* (2 vols., ABC-CLIO Inc., 1997) などの参照がまずは必要である。

(2) 拙著『毛皮と皮革の文明史：世界フロンティアと掠奪のシステム』(ミネルヴァ書房, 2005年), 拙稿「商品連鎖」(川北稔責任編集『歴史学事典』弘文堂, 第13巻, 2006年), ジョエル・ベイカン『ザ・コーポレーション：わたしたちの社会は〈企業〉に支配されている』(酒井泰介訳, 早川書房, 2004年), ジェニファー・D. スラック／フレッド・フェジェス『神話としての情報社会』(岩倉誠一ほか監訳, 日本評論社, 1990年), ジョン・パーキンス『エコノミック・ヒットマン：途上国を食い物にするアメリカ』(古草秀子訳, 東洋経済新報社, 2007年)。

(3) テイム・ラング『自由貿易神話への挑戦』(1995年, 65頁), 田中優『環境破壊のメカニズム』(北斗出版, 2002年, 第3章)。

(4) 奴隷の概念については, 1章注(1)の最後に挙げた文献および, Patterson, Orlando, "Slavery: the Underside of Freedom," *Slavery and Abolition*, vol. 5, no. 2, 1984.

1章

(1) 詳しくはフィリップ・アリエス『〈子供〉の誕生』(杉山光信・杉山恵美子訳，みすず書房，1980年)，エドワード・ショーター『近代家族の形成』(田中俊宏・岩崎誠一訳，昭和堂，1987年)，エリザベート・バダンテール『母性という神話』(鈴木晶訳，筑摩書房，1998年)，坂本佳鶴恵『〈家族〉イメージの誕生』(新曜社，1997年)，イヴォンヌ・クニビレール／カトリーヌ・フーケ『母親の社会史』(中嶋公子・宮本由美訳，筑摩書房，1994年) など。なお，Anti-Slavery International は，「精神的・身体的脅迫によって強制労働に就かされる者」「主人・雇用主によって精神的・身体的迫害や脅迫を受け所有されコントロールされる者」「商品として扱われて人格を奪われ，財産として売買される者」「身体的服従を強要され，移動や行動の自由を禁じられる者」と奴隷を定義している。Van den Anker, *Christien, The Political Economy of New Slavery* (Palgrave Macmillan Ltd., 2004), pp. 107-117.

(2) 詳しくは別の著作や論稿において詳しく論じたいが，さしあたり拙著『交易と心性：商業文化史の表層と深層』(太陽プロジェクト，2003年，序章，第1章，第3章)，および前掲拙著『毛皮と皮革の文明史』序章，筆者ホームページ関連サイト (http://www.daishodai.ac.jp/~shimosan/Furs&Skins/chaps1-1-2.html)。更には阿部謹也『中世賤民の宇宙：ヨーロッパ原点への旅』(筑摩書房，1987年)，オルランド・パターソン『世界の奴隷制の歴史』(奥田暁子訳，明石書店，2001年)，Patterson, Orlando, *Freedom: Freedom in the Making of Western Culture* (Basic Books, 1991).

(3) 全国人権擁護委員連合会『国際人権条約集』(非売品，1968年，第二部の諸論稿)。

(4) 拙稿「植民期アメリカにおける Staples とマーチャント・プランターの台頭」(池本幸三編『近代世界における労働と移住』阿吽社，1993年)，A History of Corporate Rule and Popular Protest, *Nexus Magazine*, Volume 9, Number 6 (Oct-Nov 2002): http://www.nexus-magazine.com/articles/corporations.html, Grossman, Richard and Frank Adams, *Taking Care of Business: Citizenship and the Charter*

of Incorporation, pamphlet, 1993: http://www.poclad.org/resources.html, Zinn, Howard, *A People's History of the United States: 1492 to Present*, Harper Perennial, 2001（ハワード・ジン『民衆のアメリカ史』富田虎男ほか訳，明石書店，2005年）.

(5) バージニア奴隷制度史研究のパイオニアである池本幸三（龍谷大学名誉教授）のご教示による。

(6) ILO, *Child Labour: Targetting the intolerable*, 1996（初岡昌一郎監訳『児童労働：耐えがたき現状への挑戦』国際労働財団，1997年）。

(7) 糸満売りについては，福地曠昭『糸満売り：実録・沖縄の人身売買』（那覇出版社，1983年），You Tube の URL は http://jp.youtube.com/。

(8) 香川孝三「アジアにおける児童労働と日本の役割」（日本労働研究機構調査研究報告書，No. 141『アジアにおける公正労働基準』2001年，第2部第3章）。

(9) クレール・ブリセ『子どもを貪り食う世界』（堀田一陽訳，社会評論社，1998年，第1章），ジョエル・ベイカン『ザ・コーポレーション：わたしたちの社会は〈企業〉に支配されている』（前掲，第3章）。この本を原案とした DVD ドキュメント映像『ザ・コーポレーション』（マーク・アクバー／ジェニファー・アボット監督，アップリンク，2006年）によると，シェルの役員宅に抗議に出向いた人たちには，死刑判決が下されたそうである。

2章

(1) 後に本書でたどる通り，児童強制労働が工鉱業との関わりにおいても今日に至るまで持続的・継起的に拡散・拡大してきたという事実に鑑れば，一定時期の激変を表現する「革命」の用語を用いるよりもむしろ「工業化」というのがふさわしいが，ここでは便宜上，一般にもなじみの深い「産業革命」の用語を用いる。川北稔「産業革命」（角川『世界史辞典』380-381頁）。

(2) *Child labor in factories: A new workforce during the Industrial Revolution* のサイト（http://nhs.needham.k12.ma.us/cur/Baker_00/2002_p7/ak_p7/childlabor.html）。

(3) 角山栄『経済史学』(東洋経済新報社，1980年)。

(4) I. ウォーラーシュテインの諸著作および池本幸三・布留川正博・下山晃『近代世界と奴隷制』(前掲)。池本・布留川との共著は，龍谷大学社会科学研究所での世界資本主義システムをめぐる共同研究をもとに書き上げたもので，各人の見解の相違も織り交ぜながらも延べ6年ちかい共同研究作業を含んでいる。従って，ここで挙げるべき文献は多数にのぼるが，紙数の都合で割愛する。

(5) 初期の紡績機械で児童労働が求められた事情については，Cameron, E. H., *Samuel Slater, Father of American Manufactures. Freeport,* Maine: Bond Wheelright Company, 1960. 同書によると，「アメリカ製造業の父」と称されるサミュエル・スレイターはイギリスからの輸出が禁止されていた機械類の設計図をすべて記憶してアメリカに渡り，アメリカ最初の機械制紡績工場を発展させたが，労働者として多くの子供を雇い入れた最初の産業資本家でもあった。イギリス本国の場合とは異なって，スレイターの工場では以下本書本文にみるような過酷な扱いはみられず，A. ジャクソン大統領はスレイターを「博愛家」として敬愛したという。織維不況の折，賃金大幅カットによる騒動があったにしても，スレイターの工場は概して健全な経営を志したものだったようである。詳しくは水原正亨「サミュエル・スレーターの労働力の調達をめぐって」(『大阪大学経済学』第42巻第3・4号，1993年)，同「スレーター工場における労務管理」(『彦根論叢』第158・159合併号，1972年)，同「アメリカ産業革命初期における企業形態」(『彦根論叢』第142号，1970年)，同「アメリカ産業革命初期の企業者，サミュエル・スレーター」(『彦根論叢』第150号，1971年)。なお，早くから産業革命期の児童労働問題に目を向けていた研究者に関西大学の北川勝彦教授が居られるが，同教授からはわざわざ「イギリス産業革命と児童労働：綿工場における児童労働の実態について」(『千里山経済学』第6号，1972年) をお送りいただいた。ご多忙を極めているにも拘わらずお手間を取って下さった先生に感謝申し上げたい。

(6) ちなみに，2007年9月13日，国連総会は本会議において「先住民族の権利に関する国連宣言 the Universal Declaration on the Rights of Indigenous Peoples」を圧倒的賛成多数で採択したが，オーストラリ

アはカナダ，アメリカ，ニュージーランドと共に同宣言に反対した。その「先住民族の権利宣言」は，実に22年間の長きにおよぶ慎重な審議の末，世界143ヵ国が賛成し，全世界3億7000万人の先住民のために採択された歴史的な画期的な宣言（「フランス人権宣言に次ぐ第二の人権宣言」とまで言われる）であった。オーストラリア政府がアボリジニに正式な謝罪の言を述べたのは，漸く，2008年2月13日に至ってのことである。この四ヵ国が「人道的支援」や「人権」を声高に語るというのは，如何なものであろうか？（Rizvi, Haider, *RIGHTS: Native Peoples Score Historic Political Victory* (http://www.ipsnews.net/news.asp?idnews=39258) なお，カナダ史に関しては，内外とも白人と先住民の「多くの優しい絆」を強調する学説が流行しているが，皮相な一面的な見解というべきであろう。拙稿書評「木村和男著『北太平洋の〈発見〉：毛皮交易とアメリカ太平洋岸の分割』」『社会経済史学』第73巻6号，2008年）および拙稿「ゴースト・ネイチャー：北米における毛皮フロンティアの展開とエコクライシス」（池谷和信編『地球環境史からの問い』仮題，岩波書店，2009年出版予定）。

(7) アチェなどからの人身売買については，NHK ニュース10の特集ドキュメント『人身売買・おとり操作に密着：津波被災地で暗躍するブローカー』2005年2月4日放映など。

(8) 以下，記述の多くは Supartacus Educational のウェブサイト内の *Child Labour: 1750-1900* のページ http://www.spartacus.schoolnet.co.uk/IRchild.htm を参照。

(9) 拙稿「アンテベラム期アメリカ合衆国の鉱山奴隷：ヴァジニア〈奴隷制炭鉱プランテーション〉の展開にふれて」（龍谷大学『経営学論集』第37巻第4号，1998年，12-22頁）。

(10) 以下，Starobin, S. Robert, *Industrial Slavery in the Old South* (Oxford University Press, 1970) および Wagner, Jennifer, *The History of Child Labor During the American Industrial Revolution*, October 2002, http://ihscslnews.org/view_article.php?id=95。

(11) Springer, James, *Listen to Us: The World's Working Children* (Groundwood Books, 1997), pp. 72-73. ラッセル・フリードマン『小さな労働者：写真家ルイス・ハインの目がとらえた子供たち』（千葉

茂樹訳，あすなろ書房，1996年)。

(12) Harvard University Open Collections Program: *Women Working, 1800-1930* のインターネットサイト（http://ocp.hul.harvard.edu/ww/people_addams.html）を参照。アダムズの業績・著作類については，このハーヴァード大学図書館のサイトで原文を参照することもできる。社会福祉論の分野などではアダムズについての邦語の文献や研究もすでに豊富で容易に参照できるため，本書ではこれ以上多くは述べない。邦語の研究書としては，さしあたり木原活信ほか『ジェーン・アダムズ』（シリーズ「福祉に生きる」大空社，1998年）を挙げておきたい。

(13) Pike, Royston, *'Hard Times'*, New York, Washington: Frederick A Praeger. 1966, American Journey Online: *Civil Rights in the United States* Reproduced in Student Resource Center. Farmington Hills, Mich.: Gale Group. December, 2000. http://www.galenet.com/servlet/SRC/。

3章

(1) 詳細については，W. シヴェルブシュ『楽園・味覚・理性：嗜好品の歴史』(福本義憲訳，法政大学出版会，1988年)，および池本幸三・布留川正博・下山晃『近代世界と奴隷制：大西洋システムの中で』(前掲，168-174頁)。

(2) 日本ユニセフ協会「世界の子供たち」サブリンク：http://www.unicef. or. jp/ top2. html Private Charity Network: http:// charity.japanteam.net/index.htm。

(3) World Cocoa Foundation HP: *Empowering Cocoa Communities, World Cocoa Foundation Global Programs*: http://www.responsible-cocoa.org/PDFs/Protocol-English.pdf#search='HarkinEngel'。

(4) ネスレ社の「買い叩き」については，ジャン=ピエールボリス『コーヒー，カカオ，米，綿花，コショウの暗黒物語：生産者を死に追いやるグローバル経済』(林昌宏訳，作品社，2005年)。以上については，International Labor Rights Forum の HP (http://www.labor-rights.org/) 及びフェアトレード情報室 HP「フェアトレードのカカ

オで防ぐ貧困と環境破壊：チョコレートを知らない子供たち」http://mscience.jp/cocoa.htm。

(5) 『毎日新聞』(2008年5月23日付)。

(6) *From the Hands of Slaves: Common products of forced labor*: http://www.iabolish.org/slavery_today/products/index.html。

(7) Robins, John, *The Food Revolution: Is There Slavery In Your Chocolate?*: http://www.foodrevolution.org/slavery_chocolate.htm。

(8) 草野洋／K. ナナウラ『ODA の闇：正しく使われているのか，その真相を衝く』(日新報道，2004年)。

(9) コーヒー生産と奴隷労働の関連については前掲，拙著共著『近代世界と奴隷制』第3章，第4章。

(10) 村田武『コーヒー危機：作られる貧困』(筑波書房，2003年)，及び Democracy Now! May 09, 2007, *Following Public Campaign For Trademark Efforts, Coffee Giant Starbucks Signs Licensing Deal that Could Bring Millions to Ethiopian Farmers*,: http:// www. democracynow.org/2007/5/9/following_public_campaign_for_trademark_efforts。

(11) Hoppe, T. J., *Coffee in Child Slave Labour*: http:// ihscslnews.org/view_article.php?id=205。

(12) クラウス・ベルナー／ハンス・バイス『世界ブランド企業黒書』(前掲，「ネスレ SA」の項目)。

(13) Robbins, John, *op. cit.* フォルガー社に大して対してフェアトレードを求める Global Exchange の活動にも着目されたい。http://www.globalexchange.org/economy/coffee/folgers.html。

(14) 以上に関しては The Child Labor Coalition (www.stopchildlabor.org), Anti-Slavery (www.antislavery.org), Unfair Trade (www.unfair-trade. co. uk) Fair Trade (www. fairtrade. org/ html/ english. html), Radical Thought (www.radicalthought.org), アントニー・ワイルド『コーヒーの真実：世界中を虜にした嗜好品の歴史と現在』(三角和代訳，白揚社，2007年)。同名の DVD 及び村田武『コーヒーとフェアトレード』(筑波書房，2005年) も参照。

(15) エリック・ウィリアムズ『コロンブスからカストロまで：カリブ海

域史，1492～1969』（川北稔訳，岩波書店，2000年），同『資本主義と奴隷制：経済史から見た黒人奴隷制の発生と崩壊』（山本伸訳，明石書店，2004年），シドニー・ミンツ『甘さと権力：砂糖が語る近代史』（川北稔ほか訳，平凡社，1988年），川北稔『砂糖の世界史』（岩波ジュニア新書，1996年）。

(16) Deibert, Michael, *HAITI/DOMINICAN REPUBLIC: Exhibit Reveals a Bitter Harvest*: http:// ipsnews. net/ news. asp? idnews=36905。

(17) American Anti-Slavery Group, iAbolish; *From the Hands of Slaves: Common products of forced labor* http://www.iabolish.org/slavery_today/products/index.html。

(18) 石田英一郎『桃太郎の母』（新訂版，講談社学術文庫，2007年）。

(19) Heuvel, Katrina vanden & Greg Kaufman, *Ending Slavery for Pennies*: http://www.alternet.org/workplace/82739/

(20) American Anti-Slavery Group, iAbolish; *op. cit.*

(21) Forero, Juan, "In Ecuador's Banana Fields, Child Labor Is Key to Profits", *New York Times*, July 13, 2002 *New York Times*, Friday, May 9, 2008: http://query.nytimes.com/gst/fullpage.html?res=9C04E0DB1E30F930A25754C0A9649C8B63&scp=1&sq=Ecuador+banana&st=nyt。

(22) CORPORATE FOCUS: *The New Banana Republic* http://www.alternet.org/story.html?StoryID=1922 "U. S. and Europeans agree on deal to end Banana Trade War," *New York Times*, 2001 April 12. http://www.ochanoma.info/sc_bananawar.html。

(23) 岩本賢治「ハンバーガーから世界が見える」http://www009.upp.so-net.ne.jp/society/humberger.htm。

(24) *Agricultural census. 1995-96*. Brazilian Institute of Geography and Statistics: www.ibge.gov.br。

(25) 東京大学「環境三四郎テーマ講義：環境の世紀　未来への布石 V」のサイト：http://www.sanshiro.ne.jp/activity/98/k01/index.htm 世界商品のための開拓・開発が「略奪のシステム」となってエコシステムの崩壊と先住民社会の破壊を連鎖的に歴史化してきたことについて

は，拙著『毛皮と皮革の文明史』（前掲，第 5 章および第 6 章）。

(26) 『神戸新聞』（1998年12月 2 日付）「20世紀未来への記憶：森を食べる　ハンバーガー：熱帯雨林が牧場になった」http://www009.upp.so-net.ne.jp/society/conection.htm

(27) ジョージ・リッツァ『マクドナルド化する社会』および『マクドナルド化の世界』（いずれも早稲田大学出版部，1999年，2001年）。拙著『交易と心性』（前掲，第 4 章）。

(28) YouTube のサイトにおいて「child slave China」あるいは「child labour in China」といったキーワードで検索すると，石炭業などにおける厳しい児童労働の実態を伝える幾つかのドキュメンタリー動画を参照することができる。

(29) ACE 児童労働メールマガジンによる。この点につき ACE のスタッフが意見書をマクドナルドへ送付したところ，2002年 2 月に返答があったが，「社外監査機関による監査の結果，未成年者の不法就労は認められなかった」という内容であったという。

(30) 岩本賢治「ハンバーガーから世界が見える」http://www009.upp.so-net.ne.jp/society/humberger.htm，エリック・シュローサー『ファストフードが世界を食いつくす』（楡井浩一訳，草思社，2001年）。

(31) 筆者の主張を裏付ける文献やネットサイトは多数あるが，さしあたり山田風太郎『死言状』（角川文庫，1998年），ロバート・N. プロクター『健康帝国ナチス』（宮崎尊訳，草思社，2003年），養老孟司「変な国・日本の禁煙原理主義」（『文芸春秋』2007年10月号）などを参照されたい。

(32) Nadu, Tamil Tobacco Slaves In India : Candy-Flavored Cigs Find Favor With U. S. Teens, *CNN News*, Aug. 29, 2000 http://www.cbsnews.com/stories/1999/11/22/60II/main71386.shtml，藍作の借金地獄形成の事情については，拙稿「悪魔の染料：インディゴが変えた世界」（日本農業史学会『農業史研究』No. 41，2007年）。

(33) American Anti-Slavery Group, iAbolish ; *op. cit.*

(34) 沼口博「ネパールにおける児童労働と子どもの権利状態について」（大東文化大学『人文科学』Vol. 10，2005年，1-12頁）。なお，ネパールで奴隷労働が根強く存在する理由と具体的事例については，

Anti-Slavery International とカトマンズの NGO が出版した報告書があり，桐村彰郎氏によって翻訳紹介されている。「耕作を強制されるひとびと：ネパールの農業経済における奴隷的労働」(奈良産業大学『奈良法学会雑誌』第16巻，第17巻，2004年-2005年)。

(35) *Combating Child Labour in Asia and the Pacific*: http://www.ilo.org/public/japanese/region/asro/tokyo/ipec/download/06armclannex.pdf。

4章

(1) 春田弘司「アフリカ開発，G8サミット以降」(国際協力銀行『開発金融研究所報』第28号，2006年)。

(2) クラウス・ベルナー／ハンス・バイス『世界ブランド企業黒書』(前掲，第2章) および Africa Zambia Board の HP, http://homepage3.nifty.com/1000-sun/Zambia/People/CivilWar/War_background.html。

(3) イラク復興利権のベクテル独占に関してはニューヨーク・タイムズに「そしてベクテルが勝った」と題する社説が書かれたのをはじめ，『毎日新聞』(2003年4月22日付) など多くの新聞に批判的論評が載っている。

(4) 「特例措置対象プロジェクトにおける米国企業の受注実績」の資料のサイト：http://www5.cao.go.jp/access/japan/chans/betten2.html。ベクテル社の詳細については江戸雄介『ブッシュの世界支配戦略とベクテル社』(冬樹社，1990年)。同社のコンゴでの活動については Van Criekinge, Jan, "CONGO (DRC) and War Profiteers: a tragedy forgotten by the global peace movement?" *War Profiteers' News*: http://www.wri-irg.org/pubs/warprof-0612.htm, Montague, Dena, "Stolen Goods: Coltan and Conflict in the Democratic Republic of the Congo," *SAIS Review*, Vol. XXII, No. 1, 2002. こうした論稿を追ってゆくと，例えばベクテル社のコンゴでの活動が世界最大手のコルタン精錬企業のキャボット社 New England-based Cabot Co. などの活動と結びつき，またいわゆるネオコンの論客ポール・ウォルフォウィッツ (第10代世界銀行総裁) と結びついているという構図が読み

取れてくる。Snow, Keith Harmon/David Barouski, "Behind the Numbers: Untold Suffering in the Congo." *Toward Freedom*: http://www.towardfreedom.com/home/content/view/787/ 参照。まるでセシル・ローズ時代の歴史が今ももっと周到な徹底した形で展開していると感じるのは，果たして筆者だけであろうか？

(5) 拙稿「アンテベラム期アメリカ合衆国の鉱山奴隷：ヴァジニア〈奴隷制炭鉱プランテーション〉の展開にふれて」（龍谷大学『経営学論集』第37巻第4号，1998年，12-22頁）。

(6) Global March against Child Labour: *Worst Forms of Child Labour Report-2005* のサイト http://www.globalmarch.org/child_labour/index.php。

(7) Antelava, Natalia, "Child labour in Kyrgyz coal mines" *BBC News*, Friday, 24 August 2007: http://news.bbc.co.uk/2/hi/asia-pacific/6955202.stm。

(8) 石見銀山については，石村禎久『石見銀山異記』（上，下，石見銀山資料館，1982年）。

(9) マト・グロッソの実態については，Brazilian Government Recognizes Slave Labor: http://forests.org/archive/brazil/slavelab.htm など多数のサイトがある。また，大阪ラテンアメリカの会 HP「会報誌 Amigos」のサイト：http://calo.web.infoseek.co.jp/amigos/amigos%20top.html 参照。

(10) ジョン・パーキンス『エコノミック・ヒットマン：途上国を食い物にするアメリカ』（前掲）。元エコノミック・ヒットマンとして，中南米でのアメリカン・コーポレートクラシーの浸透に暗躍したこのパーキンスの証言は，次注にあるデモクラシー・ナウ・ジャパンの HP に動画で公開されている。

(11) デモクラシー・ナウ・ジャパンの HP「エクアドルの先住民と米大手石油企業のシェブロンとの戦い」：http://democracynow.jp/stream/071227-1/。

(12) 以下の記述の多くは，NHK スペシャル『ナイジェリア石油争奪戦争：貧困をもたらすのは誰か』（2005年7月23日放映）に負う。シェブロン社については，Greenaction: for Health & Environmental

Justice のサイト（http://www.greenaction.org/）などを参照。

⒀ 戦争の民営化については，本山美彦『民営化される戦争：21世紀の民族紛争と企業』（ナカニシヤ出版，2004年），P. W. シンガー『戦争請負会社』（山崎淳訳，日本放送出版協会，2004年），松本利秋『戦争民営化：10兆円ビジネスの全貌』（祥伝社新書，2005年），菅原出『外注される戦争：民間軍事会社の正体』（草思社，2007年）。肥満大国アメリカの形成については，拙著『交易と心性：商業文化史の表層と深層』（太陽プロジェクト，2003年，第6章）およびグレッグ・クライツァー『デブの帝国：いかにしてアメリカは肥満大国となったのか』（竹迫仁子訳，バジリコ，2003年）。

⒁ 多数の文献やサイトを参照したが，差し当たり The Global March Against Child Labour の HP: http:// www. globalmarch. org/ worstformsreport/world/index.html。

5章

(1) 冒頭の ILO サイトのアドレスは，http://www.ilo.org/public/japanese/region/asro/tokyo/ipec/facts/sectorial/manufact/03.htm，それ以下の記述に関しては，多くの関連サイトがあるが，さしあたってはGSA の HP の2004年12月9日付けニュース http://www.gsa.or.jp/news/news.cgi?AN=20041209160919000003 を参照されたい。

(2) Worldcup Golbalmarch のサイト：http://worldcup.globalmarch.org/world-cup-campaign/press-center/press-release.php3。

(3) Clean Clothes Campaign HP の *Tainan-Harsh conditions for workers* のサイト：http://olympicflame.org/companies/tainan99-11.htm, Global March Against Child Labour HP の *Child Labour Thrives at Shuttle Cock Unit* のサイト：http://www.globalmarch.org/clns/ など。19世紀アメリカ南部の奴隷制社会と同等な「家父長制的温情主義」がそのまま残っているという見解も多いエルサルバドルの搾取工場についての情報源は少なからずあるが，ここでは National Labour Committee の *Exmodica Factory, El Salvador: NBA/Nike/Puma/Adidas/Wal-Mart* を参照。

(4) Kopp, Frederick, *Child Slave Labor in the Walt Disney Company*:

http:// ihscslnews. org/ view _ article. php? id= 67, Hansen, Nicole, *Disney : Behind the Castles and Mouse Ears*: http://ihscslnews.org/ view _ article. php? id= 5, Madura, Meghan, *Walt Disney and Child Slave Labor*: http:// ihscslnews. org/ view _ article. php? id= 70, 及び National Labour Committee HP のサイト内検索欄を「Disney」で検索。

(5) 上記 Madura, *op. cit.* このレポートを掲載した *HIS Child Slave Labor News* の HP で Disney を検索すると，2008年６月現在で本書内容と同等な35本の記事がヒットする。アメリカの格差社会の実像については，反グローバリズムを訴えた多数の文献の他，広瀬隆『アメリカの経済支配者たち』（集英社新書，1999年），小林由実『超・格差社会アメリカの真実』（日経 BP 社，2006年），堤未果『ルポ貧困大国アメリカ』（岩波新書，2006年），同『報道が教えてくれないアメリカ弱者革命：なぜあの国にまだ希望があるのか』（海鳴社，2006年），B. エーレンライク『ニッケル・アンド・ダイムド：アメリカ下流社会の現実』（曽田和子訳，東洋経済新報社，2006年）。

(6) アリエル・ドルフマン／アルマン・マトゥラール『ドナルド・ダックを読む』（山崎カヲル訳，晶文社，1984年）および同書に対する『日本読書新聞』書評（1984年10月15日号）。拙稿「英国商業革命期のアメリカ低南部米作プランテーション」（『社会経済史学』第55巻６号，1990年），同「植民期アメリカ低南部における staples とマーチャント・プランターの抬頭：大西洋経済圏と人種奴隷制の展開にふれて」（前掲，81-131頁），坪内隆彦『キリスト教原理主義のアメリカ』（亜紀書房，1997年），河野博子『アメリカの原理主義』（集英社新書，2006年）。

６章

(1) Bilderberg.org (http://www.greenaction.org/), Schiff, Judith Ann, "How the Secret Societies Got That Way (*Yale Alumni Magazine : Old Yale*, September/October 2004 : http:// www. yalealumnimagazine.com/issues/2004_09/old_yale.html), アレクサンドラ・ロビンス『スカル＆ボーンズ：秘密クラブは権力への通路』（太田龍訳，成甲書

房，2004年）など。

(2) アンソニー・サンプソン『兵器市場：〈死の商人〉の世界ネットワーク』（大前正臣／長谷川成海訳，TBSブリタニカ，1993年），ダン・ブリオディ『戦争で儲ける人たち：ブッシュを支えるカーライル・グループ』（徳川家広訳，幻冬舎，2004年），広瀬隆『アメリカの巨大軍需産業』（集英社新書，2001年），ロスチャイルド関連の文献は多数あるが，差し当たり横山三四郎『ロスチャイルド家：ユダヤ国際財閥の興亡』（講談社現代新書，2001年）。他に諸田実「クルップ：ドイツ兵器王国の栄光と崩壊（脇村義太郎監修『世界企業』3，東洋経済新報社，1970年）など。

(3) 石弘之『子どもたちのアフリカ』（岩波書店，2005年，第5章，第6章）ほか。

(4) 2008年9月インドのラジャスタン州バル・アシュラムでの聞き取りによる。

(5) Bergman, Carol, ed., *Another Day in Paradise: International Humanitarian Workers Tell Their Stories* (Orbis Books, 2003).

(6) スアド『生きながら火に焼かれて』（松本百合子訳，ソニーマガジンズ，2004年）。

(7) アジア：MTV,「人身売買問題を焦点に」2007年9月14日。http://www.news.janjan.jp/world/0709/0709132278/1.php。

(8) ラクダのジョッキーとしての児童奴隷については，Anti-Slavery International, "Child camel Jockeys in the UAE,": http://www.anti-slavery.org/homepage/resources/cameljockeysgallery/gallery.htm 及び国際協力NGOブログ http://www.shaplaneer.org/fujiokablog/ngo/ など。

(9) The Global March Against Child Labour, *Worst Forms Of Child Labour Report 2005* のサイト：(http:// www. globalmarch. org/worstformsreport/world/index.html) ジブチ，レバノン，サウジアラビアの項目。なお中国での臓器売買の高まりについては，城山英巳『中国臓器市場』（新潮社，2008年）。『読売新聞』（2008年11月12日付）及び映画『闇の子供たち』（阪本順治監督）も参照。

(10) Moorehead, C., ed., *Betrayal: Child Exploitation in Today's*

World (London, Barrie & Jenkins, 1989), p. 191.

(11) ペドフィリアに関する詳細は，Davidson, Julia O'connell, *Children in the Global Sex Trade* (Polity Press, 2005), pp. 85-106. ロン・オグレディ『アジアの子どもと売春』（明石書店，1994年，82頁），同『続・アジアの子どもと売春』（明石書店，1994年），FBI targets pedophilia advocates のサイト：http://www.signonsandiego.com/news/metro/20050217-2208-manboy-daily.html。

(12) Davidson, *op. cit.*, p. 103. Elly, L. & Regan, L., "Rhetorics and Realities : Sexual Eploitation of Children in Europe". London : *Child and Woman Abuse Studies Unit.*, p. 55. Lee-Wright, Peter, *Child Slaves* (London, Earthscan Publications, 1990), pp. 24-29.

(13) 『毎日新聞』（2001年４月18日付）及び『読売新聞』（2001年４月24日付）。

(14) アジア：MTV，人身売買問題を焦点に：http://www.news.janjan.jp/world/0709/0709132278/1.php。

(15) 塩川優一監修『エイズ危機』（日本放送出版協会，1992年，95頁）。

(16) Humantrafficking.com のサイト：http://humantrafficking.com/humantrafficking/client/view.aspx?ResourceID=3722。また，http://www.janjan.jp/world/0506/0506158388/1.php。

７章

(1) R. メジャフェ『ラテンアメリカと奴隷制』（清水透訳，岩波現代選書，1991年），オッペンハイマー財閥の概要については，久保巌『世界を動かす巨大財閥』（駸々堂，1988年），186-187頁。

(2) イシメール・ベア『戦場から生きのびて：ぼくは少年兵士だった』（忠平美幸訳，河出書房新社，2008年）。

(3) ヒューマン・ライツ・ウォッチ『インドの債務児童労働：見えない鎖につながれて』（甲斐田万智子／岩附由香監訳，明石書店，2004年，121-125頁），ネットサイトの資料としては，アムネスティ・インターナショナルや Save the Children の HP に幾つかの関連報告がある他，「シエラレオネ関連ニュース」(http://www2.odn.ne.jp/~had81460/p1problems5.html)，Green Diamonds HP (http://onesky.ca/diamon

ds/), Rotten.com, *Blood Diamonds*: http://www.rotten.com/library/crime/blood-diamonds/。

(4) ILO Geneva, *Child Labour*, http:// www. ilocarib. org. tt/childlabour/library/ChildLabourtextbook.pdf。

(5) 児童労働と絨毯業の関わりは，おそらく随分と起源の古いものであるが，子供が絨毯を織る動機や意味は大きく様変わりをしてきているとみなくてはならない。筆者自身，その伝統のつながりと現代的な変貌を垣間見るような体験をしたことがある。

トルコの黒海沿岸，トラブソンという美しい町の近傍に「何百年も前からこんな感じだったのでは」と思わせるような静かな素朴な村があり，筆者が訪ね歩いた1978年，その村の小さな農家で10歳と15歳の少女が絨毯を織るのを見学させてもらった。トルコ人のガイドにいろいろ聞いてみると，「女の子は結婚するまでに立派な絨毯を一つ織り上げ，それを嫁ぎ先に持ってゆく。未婚の女にとっては，トルコでは昔から当たり前のことだ」という。やはり，昔ながらの風習や生活がずっと生き残って息づいている気がしたものである。

しかし10分ほど絨毯織りを見せてもらったところで，女の子が柔らかな表情を急に変えて「10ドルちょうだい」と言ってきた。その時，素朴な村の雰囲気とは余りにも似合わぬ感じがして，少し驚かされた次第である。日本人観光客や欧米の観光客が稀にながらその村を訪れるようになりはじめて，絨毯織りを見せてドルを得ることが農家の副業のようになってきたのだそうである。

それからちょうど30年。トラブソンには西洋式の看板が幾つも立ち並ぶようになり，マクドナルドやスーパーマーケットもできるようになったという。自動車も増えて都市化が一挙に進んでいるようすが，インターネットに掲載された写真から知ることができる。GDP や GNP からみれば，「トラブソンの経済は大いに発展した」ということになるのだろう。しかし，トルコは日本やアルゼンチン，ロシア，ブラジルなどと並んで，金融的には最も危機的な国という研究家もある。村や地方によって様々な違いはあるだろうが，農村の疲弊にクルド人問題やイスラーム復古主義などが絡んで深刻な社会問題が鬱積し，1978年，筆者が訪ね歩いた頃の落ち着いた趣やのどかで伸びやかな雰

囲気は，ずいぶんと昔のものになってしまったようである。児童労働問題に関しては中近東の他の国々に比べて改善は大きく進展しているようであるが，国際的な人身売買や麻薬取引の中継地としては，かなり問題のある国ともみられている。

(6) 以下，イクバール・マーシーについて述べた文献やサイトは幾つかあるが，本書では主に Springer, Jane, *Listen to Us: The World's Working Children* (Groundwood Books, 1999) を参照した。

(7) 幾つかの文献やネットサイトの情報の中には，「イクバールの享年が12歳というのは，雇い主の冷酷さを強調するためにアナウンスされた年齢で，実際にはイクバールはもっと年長であった」と述べるものもあるが，アマンダたちの活動が「同じ12歳」という認識のもとにはじまったことに変わりはない。

(8) ACE のサイト http://acejapan.org/ で「インドで子どもたちに会って考える旅」関連の記事を検索されたい。

(9) インドの児童奴隷の問題は，例えばヒューマン・ライツ・ウォッチ『インドの債務児童労働：見えない鎖につながれて』（国際子ども権利センター訳，明石書店，2004年）に見られるように，国内問題に比重を置いての分析が多いが，やはり，近年の世界企業のコスト削減策，アウトソーシング戦略の影響の大きさは極めて大きなものとなってきているとの認識が是非とも必要であろう。

(10) GAP とインドの児童労働の関連については，“Indian ‘slave’ children found making low-cost clothes destined for Gap” と題された記事があり，ネットで参照することができる。http://www.guardian.co.uk/world/2007/oct/28/ethicalbusiness.retail。その後 GAP は改善策に力を入れているのであるが，何故「どこもかしこも」という感じで，本書で名を挙げている世界企業は遅まきに姿勢を正すのであろうか。「判らなければ差し支えは無い。とにかく安く」といった利益一辺倒の考えがそうした企業の経営の「常識」であるかのようである。なお，ILO のサイトやナオミ・クライン『ブランドなんかいらない：搾取で巨大化する大企業の非情』（松島聖子訳，はまの出版，2001年），ジェフリー・サックス『貧困の終焉：2025年までに世界を変える』（鈴木主悦ほか訳，早川書房，2006年）なども参照。

8章

(1) Seabrook, Jeremy, *Children of Other Worlds: Exploitation in the Global Market* (Pluto Press, 2001, pp. 2-3).

(2) 祖田修『日本の米：コメ戦争をどうする』（岩波ブックレット，1991年）。

(3) 拙稿「商品連鎖」（前掲，弘文堂『歴史学事典』第13巻所収），吉川元忠『マネー敗戦』（文春新書，1996年），関岡英之『拒否できない日本：アメリカの日本改造が進んでいる』（文春新書，2004年），吉川元忠／関岡英之『国富消尽：対米隷従の果てに』（PHP 研究所，2005年），原田武夫『騙すアメリカ・騙される日本』（ちくま新書，2005年），同『「NO」と言える国家：奪われ続ける日本の国富』（ビジネス社，2006年），本山美彦『売られ続ける日本，買い漁るアメリカ：米国の対日改造プログラムと消える未来』（ビジネス社，2006年），松下満雄『国際経済法』（有斐閣，1997年），マイケル・B. ブラウン『アフリカの選択：世界銀行と IMF の構造調整計画を検証し提言する』（塩出美和子／佐倉洋訳，柘植書房新社，1999年）など。他にも，日本の富を吸い上げるという視点からアメリカの昨今の対日戦略を見抜いた著作は多いが，外務省の基本姿勢は，相変わらず親米という以上に対米従属の姿勢である。

(4) 筆者がかつて勤務した九州の大学で「産炭地後遺症の振興」に関わる共同研究に参加した折，ある農業経済学の専門研究者（元・市役所都市計画課職員）がまったく同等の言い方で「第三セクターは良いですよ。お金の心配がないですから」と述べたことがあり，開いた口がふさがらない思いを持ったことがある。その研究者の「業績」をいくつか読んでみると，国や地方自治体の公費から多額の調査助成金を得て全国各地を巡り，市役所や商工会議所が長年かけてまとめた統計資料や調査報告を集めてまわって箇条書きに整理のうえ「論文」にして済ませている，という体（てい）のものであった。人当たりは良い人物であるため，2009年度からはこの研究者は中国地方の国立大学法人教員として「栄転」が決まったそうであるが，経済学の素養や国際的視点は皆無，そうした実態の「農業経済学研究」のアドバイスも得て今後も巨額な公共事業が推進され，地域農業も全体として衰退の一途

をたどることになる訳である。

(5) Snow/Barouski, "Behind the Numbers : Untold Suffering in the Congo." *Toward Freedom :* http:// www.towardfreedom.com/ home/ content/ view/787。

なお，「430兆円」には1994年になって200兆円が追加され，総額630兆円となった。それは，対米黒字がつづく日本の生産性を高めるような先端研究には使うべきではなく，アメリカの「コルテス・ピサロ方式産業」（本書174頁，266頁）の利益に叶う浪費のみに用いるよう要請される，という無謀な制限まで課された全く異様な要望を伴う取り決めであった。「南部化」したアメリカの企業専制体制（コーポレートクラシー）の弊害は，日本にとっても決して無縁のものではない。

(6) A. ジョクス『〈帝国〉と〈共和国〉』（逸見龍生訳，青土社，2003年），アントニオ・ネグリ／マイケル・ハート『〈帝国〉』（水島一憲ほか訳，以文社，2003年）。

(7) 香川孝三「アジアにおける児童労働と日本の役割」（日本労働研究機構調査研究報告書，No. 141『アジアにおける公正労働基準』2001年，第2部第3章）及び1章注(3)の文献。

(8) 「子供にやさしい村」については，ACE HP : http:// acejapan.org/ modules/ tinyd3/ index.php?id=2。

(9) 田中優『環境破壊のメカニズム』（北斗出版，2002年），同『戦争をやめさせ環境破壊をくいとめる新しい社会のつくり方：エコとピースのオルタナティブ』（合同出版，2007年）。